心理パラドクス
錯覚から論理を学ぶ101問

三浦 俊彦 [著]　　　　　　　　　　　　　二見書房

付録：運勢占い

まえがき

　心——直観や錯覚——にまつわるパラドクス。それが本書のモチーフです。
　哲学や科学の有名な諸問題をリンク付けて体系化した問題集という点では、前著『論理パラドクス』『論理サバイバル』と同じですが、視点というか、出題方法が異なっています。
　第1に、パラドクスの解決を読者に直接求めた『論パラ』『論サバ』に対し、本書では、解決以前の「問題の成り立ち」をたびたび問いかけました。つまり、各問題の表題になっている「心の会計簿」「パーキー効果」等々といった学術用語を知る人にとっては、知識だけで解ける問題が大半を占めています。一方、そうした用語を知らなかった人は、頭を使いながらパラドクスを自ら構成する楽しみを味わえるでしょう。
　第2に、読者自身がではなく大多数の人はどう考えるか、を推測してもらう「クイズ100人に聞きました」方式の質問が多いこと。哲学・論理学中心だった『論パラ』『論サバ』に比べ本書でクローズアップした認知心理学、行動経済学、社会生物学といった分野では、人間の錯覚や愚行を実験的に検証した統計データが蓄積されており、〈論理と心理とのズレ〉が新たな関心を呼んでいます。自分自身いかに合理的な考え方をしていようとも、他者も同じく合理的に考えるかどうかを予測できなければ、合理的に生きられはしないのが現実。そこで、「クイズ100人形式」をたくさん採用したのです。
　この2つの方針——問題の解決よりも問題の形成、正解そのものよりも「正解と思われがちな答え」に向かう基本姿勢ゆえに、本書は、『論パラ』『論サバ』に続く第3巻でありながら、最初に読んでいただくのにふさわしい「基礎固め編」だとも言えるでしょう。
　専門家の意見が一致しない未解決問題や、私が作ったオリジナル問題も含まれているほか、069【アレのパラドクス】のように、通説が間違っているという指摘も行なってみました。史上最高のパラドクス全集の画期的完成をここに誇示することが許されると思うのですが、そのあたり、これから読者が中に入ってたっぷりお確かめください。

CONTENTS

▼この目次に並ぶ101の問題名のほとんどは、学界における通称であり、「〜のパラドクス」と称されていても実はジレンマ、

評価軸について……006

運勢占いのやりかた……007

第 1 章
ヒューリスティクス3部作……008
〈みんな〉はどう答えるか？

- 001　代表性ヒューリスティクス……008
- 002　利用可能性ヒューリスティクス……011
- 003　係留ヒューリスティクス……012
- 004　X-ヒューリスティクス……013

第 2 章
フレーミング3部作……015
〈みんな〉にどう問おうか？

- 005　フレーミング効果……015
- 006　心の会計簿……018
- 007　同型問題……019

第 3 章
常識 vs 論理の巻……022
罪、星巡り、掟。どこでどうズレたのだろう？

- 008　恐喝のパラドクス……022
- 009　殺人の条件……027
- 010　報復のパラドクス……029
- 011　日蝕のパラドクス……032
- 012　日蝕のパズル……034
- 013　日蝕のジレンマ……037
- 014　決定論と自由意志……038
- 015　一夫一婦のパラドクス……042

第 4 章
知らぬが仏の巻……046
予期と投機とゲームの理論

- 016　墜落ネコの死亡率……046
- 017　自己充足的信念……048
- 018　プラシーボ効果……049
- 019　無限後退……052
- 020　プラグマティズムのパラドクス……055
- 021　放蕩者のパラドクス……058
- 022　ナッシュ均衡……060
- 023　美人投票のパラドクス……062
- 024　アイスクリーム売りのパラドクス……065
- 025　囚人のジレンマ：N回バージョン……067
- 026　アクセルロッドの実験……070
- 027　勝者の呪い……073
- 028　知らぬは亭主ばかりなり……075
- 029　盗撮ビデオ：ヤラセの見破りかた……079
- 030　ランダム・ウォーク……080
- 031　予言の自己実現……083
- 032　カサンドラのジレンマ……085
- 033　文明はなぜ永遠に続かないか……087
- 034　ケネディ暗殺のパズル……088
- 035　最善の可能世界……090

第 5 章
下手な鉄砲も数撃ちゃ進化論の巻……092
自然選択、観測選択、取捨選択

- 036　人はなぜ犬をかわいがるのか？……092
- 037　ミズスマシはなぜ群れるのか？……095
- 038　利他主義のパラドクス……096
- 039　窮鼠猫を咬む？……099
- 040　自然主義の誤謬……101
- 041　人種の遺伝的素質……103
- 042　ガラスの天井……107
- 043　ヒュームの懐疑主義……109
- 044　還元不可能なネズミ獲り……112
- 045　ウォレスのパラドクス……114
- 046　クリックの「統計の誤謬」……116
- 047　コープの法則……117
- 048　生命の窓……119
- 049　オルバースのパラドクス……120

CONTENTS

目 次

「〜のジレンマ」という名でも実はパズル、といった問題が少なくありません。名称にとらわれずに楽しく解いてください。

- 050 ボルツマンの人間原理……123
- 051 ファイン・チューニング……125
- 052 アンナ・カレーニナ式エントロピー……127

第 6 章
急がば確率の巻……130
偶然と必然と愕然と

- 053 ラプラスの悪魔……130
- 054 残りものには福がある？……132
- 055 火星に動物がいることの証明……133
- 056 交換のパラドクス……135
- 057 クラスターの錯誤……139
- 058 エルスバーグの壺……142
- 059 コペルニクス原理……145
- 060 ビギナーズ・ラック？……147
- 061 白黒の壁……148
- 062 ブラックのジョーク……149
- 063 ベル・カーブ……150
- 064 遊女の平均寿命……152
- 065 ロシアン・ルーレット・ジレンマ……154
- 066 百聞は一見に如かず？……157
- 067 ベルトランの箱のパラドクス……159
- 068 庭のパラドクス……161
- 069 アレのパラドクス……162

第 7 章
論証を尽くして天命を待つ巻……165
憶説から仮説そして定説へ

- 070 空のパラドクス……165
- 071 ヘラクレイトスのパラドクス……167
- 072 合成の誤謬、分割の誤謬……169
- 073 エピメニデスのパラドクス……171
- 074 ヤーブローのパラドクス……173
- 075 死刑を怖れれば誤審は起きない？……175
- 076 権威からの論証……177
- 077 雨ニモマケズ 風ニモマケズ……178
- 078 感情の誤謬……181

- 079 風が吹けば桶屋がもうかる？……182
- 080 ドミノ倒し論法……184
- 081 黄金の山……187
- 082 ラッセルの記述理論……189
- 083 ヒュームのパラドクス……192
- 084 数の原子……194
- 085 オッカムの剃刀……195
- 086 アポロ：人類の月面着陸はウソ？……197

第 8 章
天然情緒と人工知能の巻……199
心への3つの関門：脳／文化／対話

- 087 三つ子の魂百まで……199
- 088 三単語クイズ……200
- 089 後知恵バイアス……201
- 090 パーキー効果……203
- 091 カプグラ症候群……205
- 092 逆-カプグラ症候群……207
- 093 コールバーグの6段階……208
- 094 ハインツのジレンマ……209
- 095 チューリング・テスト……212
- 096 中国語の部屋……214

第 9 章
オメガ点の巻……216
無限に速く、無限に小さく、無限に確かに

- 097 宇宙船のパラドクス……216
- 098 アキレスと亀：変則バージョン……218
- 099 トロイの蝿……220
- 100 究極の還元主義……223
- 101 もっと究極の還元主義……225

付　録……227
- レディメイド運勢占い……228
- フリー占い……229
- 最終問題……230

評価軸について

以下の**A～Z**は、各問題を評価する基準**26**ファクターです。
このうち、◆付きの**4**ファクター**B**, **M**, **Q**, **X**が、各問題タイトルに表示されています。たとえば ③②①③ と記されている問題は、純度**3**, 膨張度**2**, 挑発度**1**, 緊急度**3**であることを表わします。(各**3**段階評価、**3**が最高)
この**4**桁数字が巻末の〈レディメイド運勢占い〉に使われます。
B, **M**, **Q**, **X**以外のファクターを使った〈フリー占い〉も巻末で説明いたします。

本質の軸

【内容的座標】
- **A** 難易度 ………… 答えにくさ
- ◆ **B** 純度 ………… 現実世界でたまたま成り立つ偶然からの独立度

【論理的座標】
- **C** 必然度 ………… 正解の限定性
- **D** 攻略度 ………… 解き方の多彩さ

【形式的座標】
- **E** 蒸留度 ………… 改善の余地のなさ。審美度。完結度
- **F** 透明度 ………… 言語表現からの独立度
- **G** 解像度 ………… 下位問題含有の複合性

制度の軸

【歴史的座標】
- **H** 鮮度 ………… 問題の歴史的新しさ
- **I** 知名度 ………… 一般的な知られ方

【業界的座標】
- **J** 認知度 ………… 学術的な文献数、ポピュラリティ
- **K** 天然度 ………… 自然発生的パラドクスか、作為的なものか。「詭弁度」に反比例
- **L** 基本度 ………… 他パラドクスへの応用度、派生パラドクス数
- ◆ **M** 膨張度 ………… 専門家間での意見相違の度合
- **N** 深刻度 ………… 未解決のままでは学問的に悪影響の及ぶ度合。「趣味度」に反比例
- **O** 温度 ………… 将来の専門的議論の発展性。ホット度

精神の軸

【盤上的座標】
- **P** 霊感度 ………… 閃きに頼る度合。「計算度」に反比例
- ◆ **Q** 挑発度 ………… 心理的インパクト。別名「衝撃度」
- **R** 飽和度 ………… 正解への納得度
- **S** 吸湿度 ………… 問いと答えの感覚的落差

【盤外的座標】
- **T** マニア度 ………… 同類問題創作への誘惑度
- **U** 繊細度 ………… 誤解のされやすさ

機能の軸

【啓発的座標】
- **V** 頭脳度 ………… IQ鍛錬の教材としての価値
- **W** 教訓度 ………… 生活、ビジネス、詐欺・屁理屈対策への利用価値
- ◆ **X** 緊急度 ………… 倫理、政治、法律上の課題性

【道具的座標】
- **Y** 娯楽度 ………… コンパクトさ、座興としての使い勝手
- **Z** メンタル度 ………… 性格判断への応用

心理パラドクス
錯覚から論理を学ぶ101問

◆
運勢占いのやりかた
◆

A 〈レディメイド運勢占い〉インスタントコース

　忙しくて全問解いてる暇がない、という人のための〈運勢占いだけコース〉。

　本編の全問題（101題）をざっと読まずに眺め、タイトルや雰囲気から「心にいいパズル」「心に悪いパズル」の2つに直感的に分類します。そのうち「心にいいパズル」の表題に付いている4桁数字を全部足し合わせましょう。得られた答えの、頭から2桁目の数字は**0〜9**のどれでしょうか。それであなたの1年間の運勢が占えます（呪文は巻末）。

B 〈レディメイド運勢占い〉クラシックコース

　まず、本編の各問題（101題）をじっくり解いてください。答え合わせの上、自己採点します。

　採点の仕方は自由に。難しすぎると思われた問題は甘く、易しすぎると思われた問題は辛くなどなど。また、正解が複数ありうる問題や、枝問に分岐する問題は、採点困難な場合もあるでしょう。そんな場合もとにかくすべて、○か×かに決定してください。あなたのその決め方自体が運勢の素材となりますので。

　101問のうち正解した問題の4桁数字を全部足し合わせましょう。得られた答えの、頭から2桁目の数字は**0〜9**のどれでしょうか。それであなたの1年間の運勢が占えます（呪文は巻末）。

第 1 章

ヒューリスティクス３部作
〈みんな〉はどう答えるか？

001 代表性ヒューリスティクス
representativeness heuristics

　「論理（ロジック）」の対語として、「ヒューリスティクス」が挙げられる。正確な推論を積み重ねた手続きによって確実に結論を導き出すプロセスが「論理」であるのに対し、大体うまくゆくことが経験上わかっている考え方によって判断するのが「ヒューリスティクス」だ。その方法が多少不正確であったり、なぜうまくゆくのかがわかっていなかったりしても、とにかく「うまくいってきた」「うまくいきそう」ということで、自動的、本能的、直観的、無意識的に私たちが従う方法がヒューリスティクスである。

　ヒューリスティクスは、習慣的な考え方の大半を占めるが、結論を素早く出せるかわりに、正しいという保証がない。そのため、自然に感じられる発想が実は間違っているという「錯覚」の源になっているのである。

LEVEL……B[純度]　M[膨張度]　Q[挑発度]　X[緊急度]

ヒューリスティクスは、ノーベル経済学賞を心理学者として初めて受賞したダニエル・カーネマンらによって、３つに大別された。その３つを順に考えていきたいが、まずは、最も広く現われる「代表性ヒューリスティクス」を見よう。

❶　きょうはＡ氏の55歳の誕生日。毎日プロテインのサプリメントを飲み、筋力トレーニングを続けているおかげで、身長196センチ体重120キロという体格が25年間維持されている。温厚で博識だが、傷だらけの顔つきが人目を惹き、路上でよくサインを求められる。１度、正当防衛でヤクザに大怪我をさせたことがあるとか。さて、Ａ氏について、次のどれが正しそうだろうか。正しい確率の高い順番に並べてみよう。

　１．古本屋の店主　２．宅配便の配達員　３．元プロレスラーの古本屋店主　４．元プロゴルファーの牛乳配達員

　まずはあなた自身の答えよりも、大多数の人がどう答えるかを推測してみてください（この問題から３問つづけて、「あなたはどう考えるか」ではなく、「多くの人がどう考えるとあなたは考えるか」を問題にします）。むろん、あなたが自分を「典型的な人間」と思っているならば、あなた自身の答えがそのまま問題の答えとして使えるはずですが。

答え◎選択肢を１と３の２つだけに絞った簡略版で私が実験してみたところ（解答者は論理学を学んだことのない10人）、全員が「３のほうが正しい確率が高そうだ」と答えた（ただし「なんだか〈ひっかけ〉のような気がするから」という理由で１を選んだ解答者が１人だけいたが）。
　選択肢のうち２と４はダミーで、肝心なのは１と３の関係だけだ。１と３の順番については、３のほうを「正しそうな度合が高い」と判断するのが、大多数の人間の直感であることがカーネマンらの実験でわかっている。
　ところが、１より３の確率が高いことは不可能である。なぜなら、１を「Ａ」とすると、３は「ＢかつＡ」という形をしているので、Ｂという条件が付いたぶん、間違いである確率が高く（正しい確率が低く）なっているの

だ。逆に言えば、3が正しい場合は必ず1も正しいので、3の確率が1を上回ることはありえない。3よりも1のほうが正しい確率が高いというのは、意識的に考えればすぐわかるだろう。

2 それではなぜ、多くの人が3＞1と判定してしまうのだろうか。
3 こんな簡単な問題に対して大多数の人間のヒューリスティクスが誤答してしまうとは、人間は一般に「愚か」「非論理的」な生き物であることを示す証拠なのだろうか、それとも何か別の事実を示しているだろうか。

答え◎**2** 与えられた条件に当てはまる答えを推測する場合、人間はいちいち熟考する前に、「条件に類似したものが正解」というヒューリスティクスに自動的に頼りがちである。巨体とか傷だらけとかサインを求められるとかいった条件が、プロレスラーのイメージを代表しているため、「類似しているほうを正解とせよ」という、経験上うまくいってきた思考法に速攻で従ってしまう。これが「代表性ヒューリスティクス」と呼ばれる現象だ。この戦略はたいてい正しい答えを導いてくれるのだが、本問は、やはり熟考しないと罠にはまってしまう例外があることを教えてくれる。

3 3＞1と判定し、**1**の答えの説明を聞かされてもなかなか納得しないようであれば、その人はたしかに「愚か」であり「非論理的」だろう。しかしほとんどすべての人は、**1**の答えを読めば、「ああなるほど、そりゃそうだ」と納得するに違いない。つまりこの問題の教訓は、人間が愚かであるということではなく、むしろ人間は「不注意な」生き物だということだろう。考えればわかることを、考えずに判断して間違えがちだというわけだ。

また、人間は不注意であるとともに「向上心のある」生き物である、とも言えるかもしれない。なるべく多くの情報を他者から受け取り、また他者に与えたい、そうして互いに知識を向上させたい、という衝動を人間は備えている。「A氏は古本屋の店主である」という情報よりは、「A氏は元プロレスラーの古本屋店主である」という情報のほうが、A氏について多くのことを語っているので、（もし正しければ）それだけ役に立つ。情報量と有用性はほぼ比例するからである。

それゆえに、人は一般に「正しい確率が高いものを選べ」という〈真偽〉

の問いを、無意識のうちに〈意味〉の問いに翻訳して「情報価値の高いものを選べ」と読み替え、確からしさがさほど減らないならば情報量の豊かな選択肢を好む、という心の仕組みがあるのだろう。

　人間は、単に愚かというよりは、「向上心があるくせに不注意な」動物だ、というわけである。

　　📖 Ian Hacking, *An Introduction to Probability and Inductive Logic*, Cambridge U. P., 2001

002 利用可能性ヒューリスティクス
availability heuristics

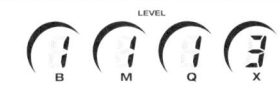

　カーネマンらの２つめのヒューリスティクスに移ろう。
　次の問題を、1000人に出題した。大多数の人はどう答えただろう。

　問い：ｒで始まる英単語と、ｒが３文字目にある英単語はどちらが多いだろうか。

答え◎ほとんどの人が、ｒで始まる単語が多いと答えるらしい。実際は３文字目にｒのくる単語のほうがずっと多いのだが。ｒで始まる単語は、read, rank, road, root, run, rush, reset……等々、思い出しやすい。辞書の項目からして、最初の文字によって分類されているからだ。他方、３番めの文字が何であるかによって分類される機会はほとんどないため、３文字目がｒである単語などと言われてもすぐにそう多くは思い描けまい。結局、「馴染み深いものを手掛りとする」というヒューリスティクスにしたがって解答することになるのである。

　たまたま利用可能である知識にもとづく判断が根拠のない思い込みであるとはわかっていても、私たちは、知らないことについてはおおかたこの「利用可能性ヒューリスティクス」に頼るしかない。たとえば——
　「あ」で始まる語と、３文字目に「あ」がくる日本語の単語はどちらが多いか？
　改めてこう問われて、正解しなければ殺すと言われたら、私も「『あ』で

始まる単語」と答えるだろう（私は正解を知りませんので、興味のある人はどうか調べてください）。

　テレビによく出ているタレントがＣＭに起用されている賞品がよく売れたり、採用人事のとき自分の出身高校を卒業している応募者を人事担当が優遇したくなったりするのも、広い意味での「利用可能性ヒューリスティクス」と言ってよいだろう。

　　　　D.Kahneman, P.Slovic, A.Tversky, *Judgement under Uncertainty*, Cambridge U.P., 1982

003 係留ヒューリスティクス
anchoring heuristics

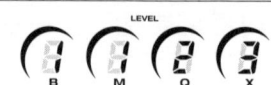

　カーネマンらの３つめのヒューリスティクスに移ろう。
　次の問題の一方だけを、それぞれ1000人に出題した。解答として述べられた数の平均値がより大きかったのは、Ａ，Ｂどちらの問題だろうか。

　問い：次の掛け算の答えを、計算せずにただ直観で推測し、５秒以内に答えてください。

　　　　Ａ　１×２×３×４×５×６×７×８＝
　　　　Ｂ　８×７×６×５×４×３×２×１＝

答え◎この２つの問題の正解はもちろん同じである。時間をかけて筆算してよいならば、両グループともおおかた正解を出すだろう。しかし直観で即答せねばならないので、数の並び順によって、大幅な答えの差が生じる。カーネマンらの実験では、Ａの回答の平均値は512、Ｂの回答の平均値は2250であったという。
　ちなみに本当の正解は40320である。
　小さな数から接した場合は小さな数を、大きな数から接した場合は大きな答えをイメージしやすい、というのは、始めに現われたデータに判断が影響

されやすい人間の心の仕組み（係留ヒューリスティクス）を物語っている。

　銃社会では銃規制が難しかったり、企業や大学でも無用な委員会をなかなか廃止できなかったりと、一般に、現状がそうであるという理由だけでかなり不合理なことが容認され、変革を渋る傾向が人間にはある。そういった現状維持のバイアスも、広い意味での「係留ヒューリスティクス」であると言えるだろう。

　　　📖 D.Kahneman, P.Slovic, A.Tversky, *Judgement under Uncertainty*, Cambridge U.P., 1982

004
X-ヒューリスティクス
X-heuristics

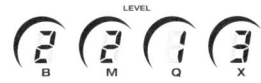

　001【代表性ヒューリスティクス】、002【利用可能性ヒューリスティクス】、003【係留ヒューリスティクス】を読んだ上で答えてください。

1　カーネマンらの実験には、次のようなものもある。

　多くの被験者に、アフリカには幾つの国があるかを答えてもらう。ほとんどの被験者はアフリカと縁遠いので、見当もつかず、勘で答えるしかない。

　そこでまず、「○○カ国より多いですか、少ないですか」という問いかたをして世界地図のイメージを段階的に思い描かせていく。

　Ａグループの被験者に対しては、「10カ国より多いか少ないか」と始めに問う。

　Ｂグループの被験者対しては、「60カ国より多いか少ないか」と始めに問う。

　そのあと、両グループの被験者に「では何カ国だと思いますか」と問う。

　さて、平均してどちらのグループのほうが、国の数を多く答えただろうか。

答え◎Ａ，Ｂ各グループのメンバーになりきって考えてみるとおわかりだろう。そう、第１グループの回答の平均値は25カ国、第２グループの回答の平

均値は45カ国と、大きな差が出たのだった（ちなみに2004年6月現在のアフリカ諸国は、53カ国である）。

2 この実験結果は、「代表性ヒューリスティクス」「利用可能性ヒューリスティクス」「係留ヒューリスティクス」のうちどの効果によるものだろうか。

答え◎A，B両グループの回答の差は、もちろん、始めに恣意的に与えられた「手掛り」の相違ゆえである。10カ国、60カ国という「情報」を、正解へのヒントとして解釈してしまう。これは「係留ヒューリスティクス」の一種と言えるだろう。

3 次の2つの勘違いは、「代表性ヒューリスティクス」「利用可能性ヒューリスティクス」「係留ヒューリスティクス」のうちどの効果によるものだろうか。

α．アジア諸国に馴染みのある人が「アジア＋旧ソ連ＮＩＳ諸国とアフリカとではどちらが国の数が多いか」と問われたとき、つい前者と答えたくなる（実際はアジア＋ＮＩＳ諸国は合計36カ国でアフリカよりかなり少ない）。

β．世界地図の形だけ頭に入っている人が「アジア＋旧ソ連ＮＩＳ諸国とヨーロッパとではどちらが国の数が多いか」と問われたとき、つい前者と答えたくなる（実際はヨーロッパは合計52カ国でアジア＋ＮＩＳ諸国よりかなり多い）。

答え◎αタイプの勘違いは、係留ヒューリスティクスのような〈正解へのヒント〉ではなく〈個々の事例〉が与えられている場合に生ずる。これは「利用可能性ヒューリスティクス」である。

βタイプは、面積の広いところには多くの区域が存在しているという相関関係を無批判に前提した勘違いである。「代表性ヒューリスティクス」と言えるだろう。

D.Kahneman, P.Slovic, A.Tversky, *Judgement under Uncertainty*,Cambridge U.P., 1982

第 2 章

フレーミング3部作
〈みんな〉にどう問おうか？

```
005
フレーミング効果
framing effect
```

　ここから3問は、前章「ヒューリスティクス3部作」と同じく、あなたの答えよりも、一般に人がどう考えるかを推測していただく「フレーミング3部作」である。
　まず、以下の2つの問題文A，Bを読んでください。

　A：わが部隊300名は敵の大軍に囲まれている。この場にじっとしていたのでは300人全滅は確実だろう。指揮官であるあなたは、実現可能なたった2つの作戦1，2のどちらかを選択しなければならない。作戦1は、夜闇に広く散開して遊撃戦を繰り広げながら脱出する作戦で、助かるのは100人だ。作戦2は、夜闇に一丸となって、全員生還か全滅かの強行突破を図る作戦で、成功する確率は3分の1。あなたはどちらの作戦を選ぶべきか。

B：わが部隊300名は敵の大軍に囲まれている。この場にじっとしたままでは1人も生還できないだろう。指揮官であるあなたは、実現可能なたった2つの作戦1，2のどちらかを選択しなければならない。作戦1は、夜闇に広く散開して遊撃戦を繰り広げながら脱出する作戦で、死ぬのは200人だ。作戦2は、夜闇に一丸となって、全員生還か全滅かの強行突破を図る作戦で、失敗する確率は3分の2。あなたはどちらの作戦を選ぶべきか。

1 ストーリーA，Bの一方だけをそれぞれ別の1000人の人に提示して答えてもらった。それぞれ、作戦1，2のどちらを選ぶ人が多かっただろうか。そしてその理由は。

答え◎ストーリーAとBは、全く同じことを述べている。どちらのストーリーにおいても、作戦1なら〈生還100人、死亡200人〉。作戦2なら、〈確率$1/3$で全員生還、確率$2/3$で全員死亡〉。生存者数の期待値は、どちらの作戦でも100人なので、どちらが得ということはない。だからAでもBでも、作戦1，2の好みは半々と予想される。

しかし、実験によるとそうではないのだ。Aを聞いた1000人のうち「作戦1を採用すべきだ」と答えた人が、「作戦2を採用すべきだ」と答えた人の2倍にもなったのだ。逆に、Bを聞いた1000人のうちでは、「作戦2を採用すべきだ」と答えた人が、「作戦1を採用すべきだ」と答えた人の2倍だったのである。

なぜだろうか？

ストーリーAとBの設定の仕方（フレーミング）はどこが違うかを見よう。Aは「全滅」を基準としたうえで、どのくらいが生還するかについて作戦1，2を比較している。Bは「全員生存」を基準としたうえで、どのくらいが死ぬかについて作戦1，2を比較している。Aは利得について作戦を比較しており、Bは損失について作戦を比較している。

作戦1は、必ず100人が生き残るので、リスク回避的な作戦と言える。作戦2は、得も損も大きいのるかそるかの作戦なので、リスク志向的な作戦と言える。Aのように利得が話題となる場合はリスク回避、Bのように損失が

話題となる場合はリスク志向、というのが人間の多数派の行動様式らしいのだ。

しかし再びなぜだろうか。なぜ利得の比較ではリスク回避、損失の比較ではリスク志向となるのか。

これは、経済学で言う「限界効用逓減の法則」と関係ありそうだ。数が大きくなればなるほど、差異は小さなものとして感じられるという法則である。利得100状態と利得ゼロ状態の差は、利得300状態と利得100状態の差よりも大きい。つまり利得100はすでに十分良く、かわりにあえて利得ゼロの危険を冒してまで利得300を求める意味は薄い。他方、「限界効用逓減」の法則をマイナス利得（つまり損失）にあてはめると、損失200状態と損失ゼロ状態の差は、損失300状態と損失200状態の差よりも大きい。つまり損失200はすでにかなり悪く、したがってあえて損失300の危険を冒してでも損失ゼロを目指す意味があるのだ。

同じ行動でも、利得追求の手段として記述するか、損失回避の手段として記述するかによって、人々の意思決定はガラリと変わりうる。人心操作に使えそうな教訓である。

2　さて、戦闘の具体的状況がわからないと、つまり人命以外に判断基準がないと、作戦1と作戦2は、客観的にはどちらが得ともいえない。しかし、人命以外の具体的状況のあり方次第では、作戦1と作戦2のどちらかを選ぶべきかハッキリ決まる場合がある。作戦1を選ぶべき場合、作戦2を選ぶべき場合、それぞれどういう場合か、具体例を述べてください。

答え◎●作戦1をとるべき場合（例）
ここを誰かが脱出して、川の向こうの味方主力部隊に敵の存在と状況を知らせなければならない場合。全滅してしまってはその任務が果たせなくなるので、確実に生還する人間が出る作戦を取らねばならない。

●作戦2をとるべき場合（例）
川の向こうの技術班と合流して、今日じゅうに仮設橋の建設を成し遂げ、貨物車を通さねばならないが、そのためには最低250名以上の人手が要るという場合。100人脱出できても橋建設任務のためには無意味で、100名もゼ

口名も同じことになってしまう。300名脱出の可能性に賭けるべきだろう。

多田洋介『行動経済学入門』（日本経済新聞社）

006 心の会計簿
mental accounting

まず、次の2つのストーリーを読み比べてください。

A：コンサートの前売り券を1万円で購入した。当日、会場最寄の駅で、チケットを紛失したことに気づいた。当日券（前売り券と同額の1万円）はまだ売り切れていないので、このまま会場へ足を運んで改めて購入すればよいのだが……。

　　　①チケットを買う　　②チケットを買わない

B：前売り券を買いそびれていたコンサートの当日券がまだ買えるということなので出かけたところ、会場最寄の駅で、チケット代と同額の1万円入りの財布を紛失したことに気づいた。財布はもう1つ持っていて当日券購入に支障はないので、このまま会場へ足を運んで購入すればよいのだが……。

　　　①チケットを買う　　②チケットを買わない

さて、Aの場合、①②どちらを選ぶ人が多いだろうか。Bの場合、①②どちらを選ぶ人が多いだろうか。そしてそれはなぜだろう。

答え◎大多数の人の答えが次のようになることが実験で確かめられている。
　Aでは、「買わない」。Bでは、「買う」。
　冷静に考えてみると、Aの場合もBの場合も、「2万円の流出とともにコンサートを観るか、それとも1万円の損失に甘んじてコンサートを諦めるか」という勘定では、まったく同じ状況である。つまり経済的には差がない。しかし、決断の結果は大幅に違ってくる。なぜだろうか。

Aの場合、失った1万円のチケットは、コンサート鑑賞に密接に結びついた意味を持つので、再度1万円でチケットを購入したら、計2万円でチケットを買ったことが確実となり、正規より1万円余計に払ったという印象が定着するのだろう。

Bの場合、1万円紛失という出来事は、コンサート鑑賞とはたまたま金額的に一致していたという偶然的な関係しか持たない。そのため、チケットを購入したとき、費用は1万円で済んでいるという印象があるのだろう。紛失した1万円とチケットとは「別勘定」として心の中に登録されているのだ。

紛失したのがチケットであれ1万円であれ、同じ損失なのだが、改めて1万円出してコンサート鑑賞するかどうかの判断に重大な影響を及ぼすのである。論理的に言えば、Aの場合とBの場合とで買う買わないの判断の食い違う人は「合理的でない人間」ということになるだろう。しかし、多くの人がこの「合理的でない」判断に従って日々行動していることは確かだ。この種の合理的でない「心の会計簿」にはなんらかの利点があるのか、それとも、賢明な利益追求の妨げになっているだけなのか、詳細に研究する必要があるだろう。

John R. Nofsinger, *Investment Madness: How Psychology Affects Your Investing... and What to Do About It*, Pearson P T R, 2001

---

007 同型問題
isomorphic problem

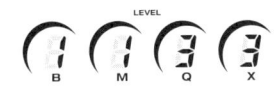

次の問題AとBについて、
1. 自分の答えを出すとともに、
2. どちらの問題のほうが一般に正答率が高いか、そしてそれはなぜかを推測してください。

　A：裏側の見えない4枚のカードが置かれている。片側には数字、もう片側には図形が書かれているカードである。
　それぞれ、「9」「4」「△」「◆」となっている。

さて、次のルールAが成立しているかどうか調べたい。
「奇数の裏側には黒塗り図形が書かれている」
最低限、どのカードをめくればこのルールを確かめられるだろうか。

B：裏側の見えない4人の奨学金申請書が置かれている。片側には申請した月額、もう片側には同一人物の学力試験合否が書かれているカードである。
それぞれ、「10万円申請」「5万円申請」「試験合格」「試験不合格」となっている。
さて、次のルールBが守られているかどうか調べたい。
「6万円以上申請する者は、学力試験に合格していなければならない」
最低限、どのカードをめくればこのルールをチェックできるだろうか。

答え◎**1** AとBは構造的に全く同じ問題である。回りくどい言い方になるが、ルールA、Bはそれぞれ次のような文で書き表わせるからである。
　ルールA……「片側が奇数ならば、もう片側は黒塗り図形である」
　ルールB……「片側が6万円以上ならば、もう片側は「合格」である」
　対偶をとると、次のように述べても同じルールである。
　ルールA……「片側が黒塗り図形でないならば、もう片側は偶数である」
　ルールB……「片側が「不合格」ならば、もう片側は6万円未満である」
　こうして、ルールを確かめるためには、Aでは「9」と「△」をめくればよい。Bでは「10万円申請」と「試験不合格」をめくればよい。他のカードはめくっても無駄である。

　2 この種の問題では、Bのほうが圧倒的に正答率が高いことが知られている。全く同じ問題を、別の例を使って出しただけであるにもかかわらずである。なぜ正答率が異なるのだろうか。
　Aは、日常生活で出会いそうにない人工的な設定であるのに対し、Bは、日常生活で個々人が実際出会うかどうかはともかく、出会ってもおかしくない具体的な設定だからだろう。Aでは、あくまで抽象的な思考を強いられる。その結果、文面に現われた「奇数」「黒塗り図形」にひきずられ、「9」と「◆」をめくる、などとうっかり答える人が出てくる。Bでは、自分が申請

許可を担当する係員である場面を生き生きと想像でき、その頭の中の手続きにおいて、「む……、不合格者だな。こいつは6万円を超えて申請しておらんだろうな。めくらねば。む……、合格者か。こいつはチェックしなくてよろしいな」という判断が容易になるのだろう。
　論理的には全く同じ構造をした問題（同型問題）も、現場的シミュレーションができるかどうかで解決しやすさがかなり違う。この心理作用は「課題素材効果」と呼ばれる。
　ただし、常識的な設定に一致した設定となっていないと（たとえばルールＢが「6万円以上申請できるのは成績不良者に限られる」等）、かえって混乱して正答率が下がることもあるだろう。

市川伸一『考えることの科学』（中公新書）

第 3 章

常識 vs 論理の巻
罪、星巡り、掟。どこでどうズレたのだろう？

008
恐喝のパラドクス
paradox of blackmail

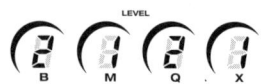

1 人に「金をください」と要求することは、違法ではない。また、人の行なった犯罪を知って「通報するぞ」と脅すことは、違法ではない。しかしこの２つの行為を合体させて、「金をください、さもないとあなたの犯罪を通報しますよ」というやり方をすると、違法である。「恐喝」という罪になるのだ。

金を要求することも、通報するといって脅すことも罪ではないのに、この２つをいっしょにすると罪になる。なぜだろうか。

答え◎一つ一つは罪ではないが、いっしょにすると罪になる事例は他にもある。裸になることは罪ではないし、街を散歩するのも罪ではない。しかし、裸で街を歩けば罪になる。あるいは、酒に酔うこと、自動車の運転という、ともに合法的なことをいっしょにすると、飲酒運転の罪になる。合法な行為

Aと合法な行為Bをいっしょにやることで他人に迷惑がかかり、非合法とされねばならない例はいっぱいあるのだ。

　しかしこれではまだ、恐喝のパラドクスの解決にはなっていない。なぜなら、金の要求と通報の脅しとを単にいっしょにしただけでは、恐喝という違法行為にならないからである。「会社の金をおまえが使い込んだことを通報してやるから覚悟しろ。ところで、それとはべつに、50万円用立ててくれないか」というのでは、恐喝は成立しない。50万円出そうが出すまいが通報がなされる、と相手に思わせた場合は、恐喝にならず、犯罪ではないのだ。相手に対して、「金をくれなかっ**たらそのときにかぎり**通報するつもりだからな」と理解させねばならない。２つの行為をこのような緊密な論理関係で結びつけて初めて、恐喝が成立する。つまり恐喝とは、猥褻物開陳や飲酒運転のように合法行為Aと合法行為Bをただいっしょにやるだけで成り立つ行為ではなく、プラスαが必要なのである。

　しかし、２つの合法行為を「緊密な論理関係で結びつけているから」違法だ、というので解決するだろうか。たとえば、こういうのはどうか。「酒を飲もう。さもなければ、車を運転しよう」「裸になろう。さもなければ街を散歩しよう」これらは２つの合法的行為を緊密な論理関係で結びつけているが、全体として違法ではない。しかし一方、「あなたの使い込みを通報しよう。さもなければ、あなたから50万円もらおう」これは、２つの非合法行為を緊密な論理関係で結びつけているがゆえに、違法なのだ。

2　こうして、恐喝に特有の謎がまだ残っていることがわかった。「おまえの使い込みを通報するぞ。通報されたくなかったら50万円くれ」（恐喝）は違法なのに、「おまえの使い込みを通報するぞ。ところで、50万円くれ」（脅し＋要求）は合法である、という この違いの理由をどうやって説明したらよいだろうか？

答え◎十分な説明は、論理というよりも政治の範疇に属する。つまり、恐喝が実際にいかなる害悪をもたらすか、という実証的探究が要求されるだろう。しかし、実証的統計をとらなくても、ある程度まで論理的に、脅し＋要求よりも恐喝のほうが害悪をもたらすという理屈を見出すことができる。正確に

は、脅し＋要求を合法としておくことよりも、恐喝を合法としておくことのほうが、より大きな害悪をもたらすということである。
　その理由は２つあると思われる。恐喝する側の心理に注目した場合と、恐喝される側の心理に注目した場合である。

3　以上をヒントとして、〈脅し＋要求〉よりも〈恐喝〉のほうが有害であるのはどういう点でか、考えてみよう。

答え◎●恐喝する側Aの心理からの考察……〈脅し〉と〈要求〉を同時に行なうと、単に〈要求〉する場合より、相手が〈要求〉に応じる確率が低くなる。なぜなら、「使い込みを通報してやる」などと脅してくるAに対して相手は好感を持つはずがなく、そんなAの便宜を図って50万円用立てる気になりはしないだろうから。他方、これが恐喝という取引として提示されるならば、「通報は困る、仕方ない、50万払おう」ということになりやすく、Aの要求が満たされる確率は上がる。
　恐喝するA自身にもこのことは当然わかっている。だからAからすれば、〈脅し〉＋〈要求〉はただ〈要求〉だけするよりも損であり、〈恐喝〉はただ〈要求〉だけするよりも得である、と判断される。誰もが損は回避し得を求める傾向があるだろう。よって、〈脅し〉＋〈要求〉という行為は、禁じるまでもなく、行なう人間はほとんどいない。〈恐喝〉は、禁じておかないと、実行者が後を絶たないだろう。というわけで、〈脅し〉＋〈要求〉よりも〈恐喝〉は非合法化する意味が大きい。
　さてしかし、この結論はあくまで相対的な意味合いを述べたものであり、〈恐喝〉を積極的に非合法とせねばならない理由は述べていない。そこで次に、「恐喝される側の心理」を考えよう。
　●恐喝される側Bの心理からの考察……〈脅し〉＋〈要求〉も、〈恐喝〉も、ともに、Bからすれば不愉快な接触である。したがって、相手がすると言っている行為（通報）を未然に防ぐために何らかの策を講じたいと考えるのが当然である。
　しかし、〈脅し〉＋〈要求〉の場合は、要求に関してはともかく脅しについては相手の意図が計りかねるだろう。ただの嫌がらせかもしれない。仲間

意識の表明かもしれない。もう通報してしまった後だという仄（ほの）めかしかもしれない。いずれにしても、相手の意図がわからない以上、Bとしては、あえて危険な行動に出てまで相手の行為を防ぐだけの動機が得られない。

〈恐喝〉となると話は別である。相手は金目当てで脅しをかけてきたということがBには一目瞭然だ。まだ通報していないことは確かだし、金を渡せば通報しないというのも確からしい。しかしそれで終わりになるだろうか。弱みを握られているかぎり、何度でも恐喝されるのでは。際限なく金を渡さねばならなくなるかも。そうなるよりもいっそ……、

こうしてBは、相手の意図がわかりやすいだけに、対策の講じ甲斐を感じるだろう。相手を殺すとか、そこまで行かなくとも相手の弱みを握って逆に脅しをかけるとか、危険を顧みない策に出るかもしれない。こうして、〈脅し〉＋〈要求〉と違って〈恐喝〉は、攻撃的接触の拡大再生産、悪循環を形成しがちなのである。

A，B両者の心理とその帰結を考え合わせてみると、〈脅し〉＋〈要求〉は比較的無害でかつなされにくい。〈恐喝〉は有害でありかつなされやすい。前者が合法で後者が非合法であるのは当然のことである。

4　〈恐喝〉は、〈脅し〉と〈要求〉が特殊な論理的結びつきで融合したものだった。では、〈恐喝〉とネガポジのような関係にある違法行為を挙げてください。

答え◎「ネガポジのような関係」という問いかけは論理的な問いかけではないが、心理的にはこのくらいの比喩は即座に理解し的確に答えていただけることでしょう。

ネガとポジの関係というのは、形（構造）が同じで、色（感触）が反転している関係のことですね。そこで、〈恐喝〉の趣旨（構造）は要求で、それを表現する様式（感触）が脅しであることに注目しよう。脅しの反対の方法による要求、それが求める答え。

そう……、「贈賄」。脅しとは逆に、金品など恩恵を与えることにより、要求に応じてもらおうとする行為。

贈収賄の罪を定めた法律によれば、〈金品贈与〉＋〈要求〉と、〈贈賄〉と

は区別せず、ともに同じように罰せられることになっているようだ。

「500万円差し上げます。ところで、話は違いますが、私どもへの発注を取り計らっていただけませんか」

「500万円差し上げますので、そのかわりに私どもへの発注を取り計らっていただけませんか」

この2つは区別されず、ともに違法である。

5 〈脅し〉＋〈要求〉と〈恐喝〉は倫理的に区別されるのに、〈金品贈与〉＋〈要求〉と〈贈賄〉は区別されない。この、区別－同一視の食い違いは、どこからくるのだろう。

答え◎もちろん、**3**の答えで述べたような〈脅し〉＋〈要求〉と〈恐喝〉との相違点が、〈金品贈与〉＋〈要求〉と〈贈賄〉との間には存在しないからである。そこで**3**と同じく、「贈賄側の心理からの考察」「収賄側の心理からの考察」を行なってみよう。

●贈賄側Aの心理からの考察……〈金品贈与〉＋〈要求〉をすると、単に〈要求〉する場合よりも、相手が〈要求〉に応じる確率が高くなる。なぜなら、「500万円差し上げます」と恩恵を与えてくれるAに対して相手は好感を持つはずで、そんなAの便宜を図って発注を取り計らう気にもなるだろうから。これは、贈賄という取引として提示される場合と、さほど違わない効果である。贈賄の場合は、〈要求〉に応じなければ500万円差し上げません、という取引になっているが、この打算的な取引をあからさまにすることは、Aに対する相手の好意の度合を引き下げかねない。〈金品贈与〉＋〈要求〉という形で、贈与の部分は無償にしておいたほうが、取引にするよりも、好意を確実化しやすく、Aの要求が満たされる確率を贈賄の場合よりむしろ上げるとすら考えられる。

A自身にもこのことは当然わかっている。だからAからすれば、〈金品贈与〉＋〈要求〉は〈贈賄〉と同等もしくはそれ以上の効果があると判断される。よって、〈金品贈与〉＋〈要求〉という行為は、禁じておかないと、する人間が後を絶たないだろう。

というわけで、〈贈賄〉が違法だとするならば、〈金品贈与〉＋〈要求〉は

なおさら違法とする意味があるわけだ。ともに〈贈賄〉として禁じておくのが便利である。

さてしかし、この結論は、〈贈賄〉と〈金品贈与〉＋〈要求〉が基本的に同等であることを示したのだが、この両者が積極的に違法とされねばならない理由はまだ述べていない。そこで次に、「収賄する側の心理」を考えよう。

●収賄側Bの心理からの考察……〈金品収得〉は、Bからすれば愉快なことである。したがって、その愉快の源である相手の〈要求〉がよほどBの意に反したものでないかぎり、Bは便宜を図って応じる傾向があるだろう。これは、その〈要求〉がなければ下されていたはずの公正な判断が狂わされることを意味する。こうして、贈賄は、Bの誠実な判断を狂わせ社会正義を損なう犯罪なのである。

6 オマケとして、もう１つのネガポジを考えておこう。恐喝に応じて金を払うのは非合法ではない。一方、収賄は非合法である。なぜか？

答え◎恐喝に応じて金を払うのは、それ自体望ましいことではない。しかし、はじめに恐喝する側がいなければ成立しない。よって、禁じる必要がない。

収賄は、もちろんそれ自体望ましくない。しかも、はじめに贈賄する側がいなくても成立しうる。つまり、贈賄する意図のなかった者に対して、暗に催促する形で、収賄側から話を持ちかけることができる。

こうして、能動性のある収賄は、贈賄と同様に禁じる意義がある。恐喝に応じることは、受動的なので、禁じても無意味なのだ。

Michael Clark, "There is no paradox of blackmail" *Analysis*, 1994, vol.54

009 殺人の条件
necessary conditions of murder

A氏がB氏を「殺した」とするには、次の２つの条件が必須のように思われる。

1．殺人者Ａの行為が被害者Ｂの死の原因になった。
　2．殺人者Ａの行為によって被害者Ｂの死期が早まった。

　しかし、これは怪しい。条件2に対する反例は比較的容易に思いつく。こんな状況だ。
　――Ｂ氏はバランスを崩して崖から転落しようとしていた。そうと知らずにＡ氏はＢ氏を狙撃した。撃たれた衝撃でＢ氏は反対側に倒れ、落下を免れた。しかし銃創により重体となり、２カ月後に病院で死んだ。
　これに似た状況は珍しくないと思われる。Ａ氏はＢ氏の死期をむしろ遅らせているのだが、やはりＡ氏はＢ氏を殺したと言わざるをえないだろう。ただしＡ氏の行為がＢ氏の死の原因になっているので、条件1は満たしている。
　それでは、条件1は殺人の成立に必要な条件だろうか。実はこれも怪しい。条件1に反する反例にはどのようなものがあるだろうか。

答え◎Ａ氏の行為がＢ氏の死の原因ではなかったのに、Ｂ氏がＡ氏を殺したと言えるような場合とは？　……次のような場合だ。
　――10人の男がＢ氏を取り囲み、いっせいに銃撃を加えた。10人の中にいたＡ氏の放った弾丸はＢ氏の肺を貫き、致命傷を負わせた。しかしその前に、Ｃ氏とＤ氏とＥ氏の弾が頭部に、Ｆ氏とＧ氏とＨ氏の弾が心臓に、Ｉ氏とＪ氏とＫ氏の弾が首に命中しており、Ｂ氏を即死させていた。Ａ氏の弾だけでもＢ氏が死んだことは確実だが、Ｂ氏の死の原因はあくまでＡ氏以外の9人の弾のどれかだったはずである。
　と、このような状況では、正確に誰の行為が被害者の命を奪ったのかがわからなくとも、被害者の死をもたらすに十分な行為を行なった者全員がＢ氏殺しの下手人と見なされるのではないだろうか。
　もし条件1を厳格に守るとしたら、複数人の攻撃のうちどれが被害者の死因となったのかわからない場合、「疑わしきは罰せず」で全員が罪を逃れることになってしまう。しかし殺人者がその中にいたことは確実なのだから、もし各々が致命相当の打撃を与えていたならば、実際の死因にかかわらず、加害者全員が殺人罪を分担するのが妥当であろう。

三浦俊彦『論理パラドクス』（二見書房）⇒ 049【スマリヤンのパラドクス】

010
報復のパラドクス
paradox of revenge

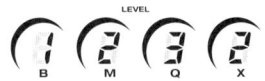

　行為を、その動機で分類してみよう。好奇心、嫉妬、感謝、鍛錬、娯楽、金銭、報復、売名、実験、弁明、射幸心、自戒、教唆、求愛、義理……。ひとつの行為が複数の動機を持つこともあるし、とくに動機らしい動機のない行為もあるが、優勢な動機によって大まかに分類することはできるだろう。

1　さて、さまざまな動機の中で報復はよいか悪いか、と聞かれたら、あなたはなんと答えますか？

2　次のうちで、悪の度合が最も低いと思われるものを選んでください。

　体の鍛錬としての暴行　娯楽としての暴行　金目当てとしての暴行
　報復としての暴行　パンチ力の宣伝としての暴行
　人間の反応を見る心理学実験としての暴行　運勢占いとしての暴行

答え◎1　大多数の人にとって、直観的に報復は、さまざまな動機の中でもはっきり悪い方に属すると感じられるだろう。そこで、「悪い」を正解としておこう。

2　悪性度の最も低いのは「報復としての暴行」だと感じる人が大多数だと思われる。刑事裁判では、他の条件が同じであれば、この７つの暴力のうち、「報復としての暴行」だけに情状酌量がつく可能性があるだろう。むろん、「報復としての暴行」は免罪されはしない。しかし罰せられるのは「暴行」という違法な部分についてのみであって、「報復である」という要因は決して罰の対象とならない。むしろ情状酌量の対象となる。実際、通り魔的に行きずりに刺したとか、強盗目的で刺したと思われていた傷害事件が、実は「長い間イジメにあっていた報復が動機だった」と判明すれば、刑は軽くなるだろう。

3　さあ、矛盾が生じているように見える。私たちの直観Ａは、次のうちで

報復が最も悪いと教えている。
　{体の鍛錬　気晴らし　金銭欲　報復　宣伝　実験　占い}
　しかし一方、私たちの直観Ｂと法律は、次のうちで報復が最も悪くないと教えている。
　{体の鍛錬のための暴行　気晴らしの暴行　金目当ての暴行　報復としての暴行　力の誇示の暴行　心理学実験としての暴行　占いとしての暴行}
　Ａグループでは悪性度が「最高」にランクされていた報復が、Ｂグループでは「最低」にランクされている。Ｂグループでは、報復を動機とする場合に悪の度が最低となったその低減作用の分だけ、報復は「善性を有している」とすら言えそうなのだ。
　こうして、報復は、悪であるとともに善である。この矛盾をどうすべきか。次の中から正しいものを選んで、具体的に説明してください。

１．「報復」は動機として悪い、という直観Ａが誤りである。報復は悪くない。

２．○○の動機が「報復」と判明すると悪の度合が低く評価される、という直観Ｂが誤りである。報復は悪いのだから。

３．「報復は悪い」という直観Ａと、「報復は悪くない」という直観Ｂは、矛盾しない。

答え◎勘違いや八つ当たりや逆恨みでないかぎり、つまり、確かに倫理的に落ち度のあった相手に報復をしたのであるかぎり、通常の同種犯罪よりも減刑される判例が多い。それは市民感情にも合致している。よって２は端的に誤りである。
　正解は１と３だが、本当の正解は１、準正解が３。準正解から検討してみよう。
　Ａ「報復が動機として悪い」という場合、報復という動機は良い行為より悪い行為に結びつく傾向が強い、ということを意味している。報復のための殺人や傷害や詐欺（映画『スティング』のような）はあっても、報復のための献金や抱擁や救援は成立しがたいだろう。他方、Ｂ「○○の動機として報復は悪性度が最低だ」という場合、犯行の動機として報復は無理もない、と

いう意味である。金儲けのためにあえて人を刺す必要などないのに対し、報復のためには特定の相手に害を与えねばならないからだ。つまりAもBも、報復と悪事は結びつきやすい、という同じことを述べているのである。

　Aは、報復という動機を基準として、その結果なされた行為が何であるかをテーマにした直観である。Bは、なされた行為を基準として、その動機が何であるかをテーマにした直観である。Aは「あらゆる動機の中で、報復という動機は悪事を成す確率が高い」と言い、Bは「ある悪事の動機の中では、報復は悪質ではない」と言っている。Aはあらゆる動機を母集団として、その中で報復を悪い方に位置づけており、Bは実際に悪事を導いた動機だけを母集団として、その中で報復を良い方に位置づけている。準拠集団が異なるのだから、それぞれの中での報復への善悪評価も異なって当然だろう。「ネコは大きな動物だが、小さな哺乳類である」「サバイバルナイフは良い武器だが、悪い贈り物だ」等々が矛盾でないのと同様、「報復は悪い動機^{1}だが、良い動機^{2}である」も辻褄が合っている。「動機^1」は一般の行為の動機を指し、「動機^2」は特定犯罪行為の動機を指しているのだ。

4　これで準正解3を確認した。直観Aも直観Bもそれぞれの意味で正しいのだ。

　さて、前述のように、本当の正解は1である。「報復は動機^{1}として悪い」という直観Aは、よく考えると正しくない。報復行為は総合的にみて、善である場合のほうが多いといえる。どうしてだろうか。

答え◎現代社会の基本である「契約」を考えよう。約束を果たさない無法な相手に制裁を加えず、一方的に義理を果たし続けると、自分が不利になるだけでなく、周辺にも迷惑を及ぼす。相手企業から何度約束を破られてもいつも先方の便宜を図りつづけるお人好しの上司を、社員は信頼できるだろうか。右頬を殴られたら左頬を向けるばかりの報復拒絶主義者は、利害や快苦の区別のつかない感性障害者ではないかと疑われ、正常な人間関係を営めないだろう。

　「返報」という概念で報復とひとくくりにされる「恩返し（返礼）」を考えてみよう。恩恵を受けていながらしかるべきときにお礼をしない人は、利

害・快苦・善悪などの価値観が健全でない人と見なされるだろう。同様に、個人や集団が正常な価値観を備えていることの証しとして、しかるべき場合に報復や制裁によって応答しあうことは、(社会が価値とコミュニケーションにより支えられているかぎり) ほとんど倫理的要請なのである (後の026【アクセルロッドの実験】参照)。

　返報の習慣を失った社会は、価値意識を失った虚ろな社会なのだ。

　もちろん、私的な報復が黙認されると、勘違いや逆恨みまで野放しとなり (10年も経ってから相手の息子に対して過大な仕返しをしてよい?) 秩序が崩壊する。よって、暴力を伴うような大きな報復の権利は国家に委ねるのが賢明だ。刑法の基本には、報復の代行という意味合いがあるだろう。公的審理を経た、誤りのない報復による秩序維持である。

　人間は多様なので、どこにも必ず無法者がいることを否定はできない。無法者の増長を防いで社会の価値基準を維持するために報復は絶対に必要なのだ。ただし、私的報復はしばしば誤りを犯しがちなため、その限りで「報復は悪」という直観Aは正しいと言える。

　結論。パーフェクトな正解は、次のような2段構えとなるだろう。適正な報復 (正しい語義での「報復」) については、直観Aは誤りであり、本当の正解は1。方法や対象の過ちに陥りがちな私的報復 (通俗的な語義での「報復」) について言うと、直観Aは正しく、現実的正解は3。

　※このパラドクスは、「三浦俊彦の電子掲示板」で生じた議論をもとに作成した。参加くださった方々に感謝いたします

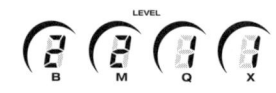　http://members.jcom.home.ne.jp/miurat/bbs-2004.htm　2004年6月21日〜

011
日蝕のパラドクス
eclipse paradox

　皆既日食は、地球のある地点から見て、地球と太陽の間にちょうど月が入る位置関係にくる現象である。月によって太陽の光が遮られ、コロナ、プロミネンス、ダイヤモンドリング、シャドーハンド等々といった幻想的な壮観が現われるという。

第 3 章◎常識 vs 論理の巻

1 さて皆既日食のとき、私たちは太陽より手前の月を見ているに違いない。つまり月の影を。しかし正確には、私たちは月のどちら側を見ているのだろう。月の前面（地球に向いている側）だろうか、それとも裏面だろうか。

答え◎妙な質問だと思われるかもしれない。裏面を見ているはずがない、日蝕で見えるのは前面に決まっているではないか、と。　…………**常識 α**

しかし、月の前面には光が当たっていないので、月の影を作る原因にはなっていないことに注意しよう。よく考えると、常識 α は怪しいのだ。

現に、月の前面が裂けていようが毛羽立っていようが陥没していようが、皆既日食の視覚像は同じことである。月の裏面が太陽の光を遮っているおかげで、皆既日食の視覚像は生じている。皆既日食の視覚像を生み出す原因は、月の前面ではなく裏面なのである。月の前面のあり方は視覚像のあり方を全く左右しないのだから、皆既日食の目撃は月の前面を「見る」ことではない。常識 α は誤りだ。

しかしだからといって、皆既日食の目撃が「月の裏面を見る」ことになるだろうか？

皆既日食の光景は、太陽の光の矢面に立っている月の裏面が存在した結果として実現していることは確かだ。しかし、目撃者たちが見上げて「気づいている」のは「月の裏面」なのだろうか。むしろ月の裏面ではなく、月の前面への気づきが成立しているのではなかろうか。目撃者が「見て」いるのが月の前面かどうかはともかく、「気づいて」いる対象といえば月の前面に他なるまい。

こうして皆既日食では、月の前面も裏面も「見られる」対象としては不適格だということになってしまう。すなわち私たちは「月のどちらの面も見ていない」のだ。そして丸い黒い影が月以外の何物でもないとしたら、皆既日食では「何も見られていない」ことになってしまうのである！

2 さてそれでは、常識 α は復活すべきなのだろうか。皆既日食の丸い黒い影を見ることは、月の前面を「見る」ことなのだろうか。

答え◎常識αでは、見える対象というものは、視覚像の原因でなくてもよいことになる。しかしこれは妙な感じがする。「月の前面」は、皆既日食の光景に因果的に関与していないのだから、やはり「見られて」いるというのは無理がある。

　正解は、月の前面と裏面とを分割してはいけない、というものだろう。概念的には分割できるが、物理的には、前面だけの月、裏面だけの月というものは存在できない。皆既日食で目撃されているのは、端的に「月」なのであり、「月の前面か裏面か」と二者択一的に問うのは間違っているのだ。

　普通の月夜では「月の前面」が見えるということでなんら問題はないのだが、皆既日食のような、月の前面が見えなくなる特殊な場合には、見られる対象としての最も特定された記述が「月の前面」から「月」へとスイッチするのである。面を特定することができなくなるのだ。

　　　　三浦俊彦『論理パラドクス』(二見書房) ⇒ 050【影のパラドクス】
　　　　Roy Sorensen, "Seeing intersecting eclipses" Journal of Philosophy, 1999, vol.96.

012 日蝕のパズル
eclipse puzzle

LEVEL B:2 M:2 Q:2 X:1

日食は大きく３つに分類される。
１．皆既日食　……太陽が完全に月に覆われる
２．金環日食　……月の周囲に太陽がはみ出して見える
３．部分日食　……太陽の一部分が月に隠れる

　皆既日食は、太陽よりも月が大きく見えるとき、金環日食は月よりも太陽が大きく見えるときに起こる。
　太陽と地球、月と地球の距離は一定ではなく、微妙に近づいたり離れたりしている。それにつれて月と太陽の見かけの大きさが変わるわけだが、皆既日食と金環日蝕がともに地球から観測できるということは、平均して太陽と月の見掛けの大きさがほぼ同じということだ。これは驚くべきことである。

1 さて、「太陽と月の見かけの大きさが同じ」なのは、どうしてだろうか。次のうちから選んでください。

1．単なる偶然である。
2．皆既日食や金環日蝕を目撃する人間という存在がいるからである。
3．コペルニクスの地動説により地球は平凡な場所であるはず。皆既日食や金環日蝕が見られる惑星や衛星は他にもたくさんあるに違いない。

答え◎3が事実に反することは、具体例を思い浮かべればよい。たとえば水星や金星のように衛星を持たない惑星があること、直径が地球の約$\frac{1}{4}$である月から見れば地球が太陽の4倍の大きさに見えること、等々から、地球で見られる日蝕のようなものが他の惑星や衛星で目撃されることはほとんどないらしいことがわかる。

1も、即座に捨てるべき仮説である。地球から見た太陽と月の直径は、もし全くの偶然にまかされていたとしたら、一致する確率はきわめて低い。何か理由があるはずだと考えるのが科学的な態度である。

こうして正解は2である。なにやら人間中心的な、非科学的な考えのように聞こえるかもしれないが、実は科学的な見方だ。人間中心主義ならぬ「人間原理」と呼ばれる論理の一例である。太陽と月はともに、地球に重大な影響を及ぼす天体である。地球に生命が生まれるためには、太陽から適切な距離にあって適温に保たれねばならないし、適度な質量の月を適度な距離に伴って、月の引力（潮汐効果）により地軸の傾きが固定されることが絶対必要だったのである。

太陽と月の見かけの大きさは、そのまま、この2つの天体が地球に与える重力や熱エネルギーを反映している。太陽と月の見かけの大きさが現実のあのとおりでなかったとしたら、この地球には生命が誕生せず、ましてや人間のような認識者は進化しなかっただろう。

地球と月が生まれた約45億年前には月の見かけの大きさは現在の約400倍もあり、徐々に距離が離れているのだが（現在も年に3cmずつ拡大）、生物進化の中で知的生命が登場し、「日蝕」について思い巡らす頃には、ちょう

ど直径が等しくなっていたはずである。
　つまるところ、皆既日食のような現象が見られるのは、きわめて低確率（宇宙全体でもしかしたら唯一地球だけ）であるにもかかわらず、もしも知的観測者が空を見上げて考えている場所が他にもあるとしたら、そこでも必ず皆既日食は見られるはずだということになる。皆既日食は、**客観的には**きわめて稀だが、**観測的には**必然的な出来事なのである。

2　「客観的にはきわめて稀だが、観測的には必然的」というのは一見奇妙に聞こえるかもしれないが、「観測選択効果」と呼ばれるきわめて重要な現象である。「客観的には稀、観測的には必然的」な事柄の実例を他にいくつか挙げてみてください。

正解例◎「液体の水があること」……火星にかつて液体の水があったかなかったかが議論の的。それほどに液体の水は宇宙に稀らしい。地球に液体の水が豊富なのは、生命存在のために必要だからで、生命の1つである観測者が自らの環境にこの「稀なる液体の水」を発見するのは必然的である。
　「ここは惑星である」……宇宙の大半の空間は真空である。岩石でできた惑星は宇宙全空間のうちゼロに等しい比率の空間しか占めていない。そんな稀なる場所がここにあたっているのは、観測者が生息できるのは岩石惑星の上だけだからである。
　「私は人間である」……人間でなければこのようなことは考えないのだから、宇宙の中でも極度に低確率である「人間」という環境に「私」を見出すのは必然的である。

　　Ward, Peter Douglas, Brownlee,Don, *Rare Earth: Why Complex Life Is Unknown in the Universe*, Springer Verlag, 2000

013
日蝕のジレンマ
eclipse dilemma

　皆既日食を観るというのは、とてつもなく感動的な体験らしい。地球上のある特定の地域で皆既日食が見られる確率はきわめて低いが、地球上のどこかで見られるチャンスは、1～2年に1度めぐってくる。
　皆既が近づくにつれ、地平線の全周が、朝焼け・夕焼けのように赤く染まる。動物たち、とりわけ鳥がけたたましく騒ぎたてる。無数の黒い影がさざなみのように地表を走る（シャドー・バンド）。急激に暗くなり、星が見え、温度が急落する。太陽が月に完全に隠される第2接触時に、月のクレーターのデコボコのため太陽光がいっぺんには消えず、月の縁に連なるビーズのように見える（ベイリー・ビーズ）。太陽の周囲の淡い大気が磁力線に沿った筋模様となって見える（コロナ）。大きなアーチ状の炎が見える（プロミネンス）。太陽が月の後ろから現われる第3接触の直前数秒間、月の深い谷間から太陽の光がこぼれて指輪のように輝く（ダイヤモンド・リング）等々、これらすべてが観られるとはかぎらないというが、その非日常的な体験に取り憑かれた日蝕マニアも多い。
　しかし何百日も待ってやっと遠征したかと思ったら現地が雨や曇だったらすべてパア。日蝕の持続時間は短くて1分以内、長くても数分。この時間の短さが皆既日食の感動を高めているという。
　しかし美しい光景は何度見ても、どんなに長く観ても損にならないはずでは。だからこそ人は毎日、飽くことなく、美しい光景、美しい音楽、美味しい食べ物、気持ちいい感触、面白い娯楽、刺激的な会話や旅行や芸術を求めつづけるのだ。実際、日蝕マニアも、帰りの飛行機の中では次の日蝕ツアーの計画を話し合うことが多いらしい。
　さて、日蝕マニアたちの「短いほうが感動的だ」「美しいものはなるべく長く観たい」という2つの気持ちは、矛盾しているように思われる。どう解釈したらいいだろう。長く観たいと思っているのか、短いほうがいいと思っているのか。どちらが本心なのだろう。

答え◎コレクターは、アイテムそのものの価値を尊ぶと同時に、希少価値を尊ぶ心も持っている。苦労して手に入れた廃盤ＣＤが、再生産され大量流通してしまった悔しさを味わった人もいるだろう。再版により、ＣＤに記録された音楽やジャケット写真の価値そのものが損なわれることはなく、むしろ友人らに薦めて観賞の輪を広げることができ、レビュー再発によって本人の観賞も幅が広がるという利益があるにもかかわらず、希少価値の喪失を嘆くのである。

この、「多い（長い）のを望む」「多く（長く）ないのを望む」という相反した欲望は、いたるところに見られる。だがちょっと考えると、この両者は矛盾していないことがわかるだろう。

価値体験の只中にあっては、この感動がずっと続くことを望む。あるいは、頻繁に起こることを望む。これは現場レベルの、あるいは対象レベルでの欲望である。

他方、価値体験を概念的に反省すると、別の配慮が生ずる。同種のことが頻繁に起きたのでは、「これを逃したら終わりだ」的な緊迫したスリルがなくなるし、商業的な企画性の価値も下がるだろう、代替が利くので放棄される度合も増えて格が下がるだろう等々。これは現場の心理にはない、抽象レベルの、あるいはメタレベルでの欲望である。

「皆既日食が長いのを望む」は、省略せずに述べると「現場の心理では、皆既日食が長いのを望む」。「皆既日食が短いのを望む」は、省略せずに述べると「文化的な反省としては、皆既日食が短いのを望む」。ちょうど、「今日は、晴れ」「昨日は、雨」が矛盾していないのと同様に、日蝕のジレンマも矛盾していない。両方ともに本心なのである。

三浦俊彦『論理パラドクス』（二見書房）⇒ 028【悲劇のパラドクス】

014
決定論と自由意思
moral luck

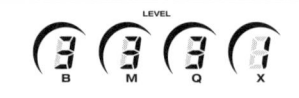

LEVEL B3 M3 Q3 X1

幼児連続誘拐殺人の罪で起訴された男が、法廷で申し立てた。
「私は、あの行為をせざるをえませんでした。私の脳内でいつどんな化

学物質が放出され、どのように電流が流れ、どんな衝動が引き起こされ、身体をどう動かして何をするかは、物理的に完全に決まっていたのですから。私は何通りかの行動から自由に選べると思い込んでいたが、実際は、私の脳の特定の状態が次に何を引き起こすかは物理法則によって完全に決まっており、私はその結果に従うほかなかったのです。自分の意思だと私が感じていたものは、実は脳の物理化学的変化にすぎなかった。私はああするように決められていたのであり、私に責任はありません。自由のないところに責任は問えませんからね。だから私は無罪です」

1 これは伝統的な「決定論」の問題である。有罪の判決にもっていこうとしている検察官あるいは裁判官は、この被告に対してどう答えたらよいだろう。

答え◎まず、次のような答えはどうだろう。

「あなたの脳の特定の状態が次に何を引き起こすかは物理法則によって完全に決まっていた、というのは正しくありません。あなたの脳や体は外界からたえず刺激を受けているのであって、周囲の環境との複雑な相互作用を勘定に入れずに、ある時点での脳の状態だけで次の状態が決定するかのように言うのは間違いです」

しかしこれは、単に、「脳の中ですべてが決定していた」というのを、「脳と体が外界と相互作用する仕方によってすべてが決定されていた」と言い換えたにすぎない。外界そのものの変化の仕方が物理法則によって決定していたとすれば、やはりこの男の行動は一通りに決定されていたことになり、自由や責任を認められなくなる。

そこで、次の答えはどうだろうか。

「量子力学によれば、素粒子の動きは一通りに決定されてはおらず、確率的に、ランダムに起こっています。あなたの脳や体の特定の状態から次の状態が自動的に決まるということはありえないのです。だから、あなたの行動についても、何通りもの道筋が可能だったのです」

2 これは被告に対する反論になっているだろうか。あなたが、有罪を免れたい被告であるとして、どう再反論しますか？

答え◎大体次のような再反論で相手を論破できるのではないだろうか。

「私が述べたかったのは、私が自由でなかったということです。もし量子力学の言うとおり、私の脳の変化が確率的に偶然の、ランダムな素粒子の動きに左右される、というのが真実だとしても、私が自由でなかったことには変わりありません。だって、素粒子レベルのランダムな、原因が結果を決定しないような不可解な確率法則によって私の脳が推移しているとしたら、それこそ私の脳は私の自由にならないものだったことになるでしょう。私は素粒子の仕組みなんか全然知りませんし、素粒子の方だって私の都合なんか知ったこっちゃない。つまり量子力学の非決定論が正しければ、私は素粒子の気まぐれな動きに翻弄される、非決定的なシステムに他ならず、私の自発的な意思による自由なんてものは効力を発揮しようがないでしょうよ」

被告のこの再反論は説得力がありそうだ。決定論が正しいか非決定論が正しいかどちらかである。決定論が正しいならば被告は自由でなかった。非決定論が正しくても被告は自由でなかった。結論として、いずれにしても被告は自由でなかった。自由でない者に責任を問うことはできず、被告は罰せられるべきでない。

3 さて、以上の強力な議論に対して、さらなる反論はできるだろうか。

答え◎何通りかの反論が考えられる。4つ挙げておこう。

反論1：「物理法則だけに注目するとあなたの言うとおりでしょう。しかし物理法則とは別の、『心の法則』または『魂の法則』が働いていて、その法則が能動的に脳に働きかけ、行為を決定していることを忘れてはなりません。あなたの心の法則が自由にあなたの脳の動きをコントロールし、行動を決めたのですから、あなたは自由と責任を担うことになるのです。判決を下します。では被告は前へ……」

反論2：「わかりました。あなたは自由でなく、責任もないと。あなたのその人間観が正しければ、同じ人間である裁判官の私にも同じことが当てはまるのでしょう。すなわち、私がこれから下す判決は、私が自由に下せるものではない。私の脳＋環境からの入力によって完全に決定されているか、または、素粒子のランダムな動きによって偶然決まってしまうか、どちらかで

す。いずれにしても、これから私の口から出る判決について、あなたは私を責めることはできないはずですね。では判決を下します。被告は前へ……」

　反論3：「あなたは自由でなく、責任もないと。責任がないから、罰せられるべきではないと。わかりました。認めましょう。私たちは、あなたへの罰という見地からではなく、社会の治安という見地から、あなたにそれなりの処置を下すことにします。あなたがこのまま社会復帰したら、また何度でも誘拐殺人を繰り返すに違いありませんからね。あなたの責任云々でなく、社会福祉の立場から、あなたに社会復帰してもらっては困る理由があることはおわかりでしょう。そうした実利的な措置を、便宜上『刑罰』と時々呼ばせていただくのは言葉の節約ゆえご容赦願うとして、さて、判決を下します。被告は前へ……」

　反論4：「あなたが他の人と著しく違うことをしでかした特別な人間であることは事実ですね。決定論的な必然なのか非決定論的な偶然なのかいずれにしても、あなたにあれだけのことをさせる何らかの原因が働いていたことは確かです。あなたはそのような巡り合わせというか、運だったわけです。ところで私たちが『責任』とか『罪』とか呼んでいるものこそ、そのような運のことなのですよ。必然にせよ偶然にせよ、あなたは責任を問われる運を備えていたというわけですね。では判決を下します。被告は前へ……」

4　**3**の答えの反論1〜4の中には、まるでダメなものもあれば有望なものもある。順位をつけるとどうなるだろうか。そしてその理由は。

答え◎反論2は一番ダメだろう。「有罪」にするための「理由」を述べていない。単なる決定された結果と自由な行為との区別があるからこそ、過失や事故と故意の殺人の区別があるのであり、すべて決定されていたと認めてしまうと、有罪のための「理由」は消滅する。よって、被告側の抗告が認められることになるだろう。

　それに次いでダメなのは、反論4だろう。「運の違いこそ罪の有無の違いだ」と罪の再定義をして、反論2の趣旨に「理由」を与えてはいる。しかしその再定義がいかにも恣意的なので、別の定義を持ち出されたとき自分の定義を優先するべき高次の「理由」が述べられていない。

反論1も問題である。これはたしかに高次の「理由」を述べているが、その根拠となる「心の法則」が本当にあるのかどうか、公認されているとは言えない。心の法則があることを客観的に立証しなければ、この判決は困難である。

　こうして、反論3が最も有望だろう。これは反論4と同様に、「罪」という概念の再定義だが、高次の理由が述べられている。社会的安寧の維持というプラグマティックな理由だ。しかも、被告を釈放するとまた同様の殺人が繰り返されるだろう、というのは合理的予見なので、反論1のような超自然的仮定にも依存していない。効率的に被告の再犯を防ぐ必要性は誰も否定できないだろう。

　　　　スティーブン・ロー『フィロソフィー・ジム』(ランダムハウス講談社)

015 一夫一婦のパラドクス
monogamy; whose advantage?

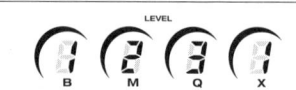

LEVEL B1 M2 Q3 X1

1　「ヒューリスティクス3部作」「フレーミング3部作」の方式で、あなた自身の答えより、「大多数の人がどう答えるか」を推測してください。そしてその理由も。
　問題：一夫多妻制から一夫一婦制に移行して、男と女のどちらが損をし、どちらが得したのだろうか？

答え◎私が実験したかぎりでは、この問いに対しては、職業や学歴にかかわらず、圧倒的にこういう答えが多い。
　「一夫多妻に比べて、一夫一婦は男が損。女が得」
　さて、正解は何だろうか。社会生物学などで言われる、次のような事実を考えてみよう。
　一夫多妻では、女は、他の女との利害の衝突なしに、高レベルの男を自由に選べる。自分が高レベル男の種を宿すことを確実にするために、ろくでもない男は全部拒絶することができる。つまり、女どうしの競争のない状態で、自由に男を選り好みできる。

男は逆だ。少数のモテる男以外の男どもは、たった1人の女と交尾するために必死である。互いに競争し闘争し、やっとのことで捕まえた女も、高レベル男にいつかっさらわれてしまうかしれない。自分の子孫を残せないばかりか、無惨に殺されたり、奴隷にされたりする可能性に怯え続けることになる。

　多数の女に子を生ませる「量の戦略」をとる男は選り好みしないので、原則的に、レベルの高低にかかわらず、やってくる女はすべて受け入れる。生涯に少数の子しか産めない女は、「質の戦略」で慎重な選り好みをする。この一夫多妻の本能的法則が、一夫一婦では崩れてしまうのだ。いかに高レベルの男も1人の妻しか持てないため、女どうしの競争が激しくなり、妊娠可能年齢の上限があるので選り好みもままならない。男はといえば、平等に1人の妻が確保できるので、一夫多妻のもとでは脱落組に入るはずだった多くの男が救済され、競争のプレッシャーから解放されて、エネルギーを文化や娯楽に向けることができる。

　こうして見ると、一夫一婦制は、一夫多妻の自然競争の場では浮かばれない大多数の男にとって、有利な制度である。そして、質のいい子どもを高レベルの環境で育てたい、という女の本能にとっては不利な制度である。

2　さてそれでは、「一夫一婦は男が損。女が得」という大多数の人の直観は、どうなってしまうのだろう。社会生物学の結論に反するこの直観は、端的に間違いなのだろうか。

答え◎大多数の人が「男が損」という答えをするのは、結婚がテーマとなっているため、現実に成立し安定した配偶関係にのみ着目するからだろう。「男対女」を「夫対妻」へと置き換えてしまい、一夫多妻制のもとで脱落する多くの男たちの姿や、厳しい競争の現実が見えなくなるのだと考えられる。

　実のところ、「男と女のどちらが得をし、どちらが損したか」という問いは、曖昧である。少なくとも2つの意味で考えることができるだろう。

1. 特定の配偶関係にある夫と妻とを比べたとき、どちらが得をしているか？

2．男というもの、女というものを一般的に考えたとき、どちらが得をしているか？

　1の意味では、男と女の関係が一夫多妻では1対多対応、一夫一婦では1対1対応だ。夫は妻を独占する反面、妻のほうは他の妻たちと夫を共有するわけなので、明らかに不公平。夫のほうがいい思いをしており、妻が損、という理屈になりそうだ。
　しかし、「男と女のどちらが得をし、どちらが損したか」は、字面からして、もっと一般的な問いと見なすべきだろう。夫、妻という立場にない者も含めて、男と女どちらにとってより望ましい制度なのか、と。
　その観点からすれば、**1**の答えで見たように、明らかに、一夫多妻は女が得、一夫一婦は男が得という結論になるのである。

3　「一夫多妻は女が得」という**1**の答えに対しては、次のような反論が考えられる。
　「一夫多妻といっても、実際にアラブ諸国や東南アジアに見られる一夫多妻は、妻は4人までなどと決まっていたり、ごく一部の金持ちがせいぜい数人、たいてい2人程度の妻を養うのがやっとで、現実問題としては一夫一婦に近い。本当の意味での一夫多妻はかくも実現不可能なのだから、一夫一婦対一夫多妻という形で比較するのは無理がある」
　この反論に対しては、どう答えたらよいだろう。

答え◎原始時代でないかぎり完全な一夫多妻は実現不可能、とは言えるだろう。だから私たちにできるのは、現在の地球上で「現実に成り立っている」一夫多妻と、一夫一婦とを比較するのがせいぜいのところかもしれない。そうすると正解はこうだろう。「一夫多妻も一夫一婦も、男女の相対的な損得に関してはあまり差がない」。
　ただし、理論的な語義と現実的な語義とのズレは、何も但し書きがない場合は、理論的な語義を優先する形で解決するべきである。現実がどんな制約に服するかがあらかじめ確信できないかぎり、現実的な語義というものを決めようがないからだ。たとえば、社会の全階層の全構成員に一夫多妻が徹底

していて、ほとんどすべての女が主観的に最高と思う夫を選択する自由を持ち、大半の男が妻を得られないような、そういう社会が現在の地球上に1つもないとは断言できないだろう。本問はもともと、そういう本来の一夫多妻社会と日本のような社会とを比較した問いだったと理解するべきである。

ロバート・ライト『モラル・アニマル（上）』（講談社）

第 4 章
知らぬが仏の巻
予期と投機とゲームの理論

016
墜落ネコの死亡率
falling cats' death rate

LEVEL B1 M1 Q2 X3

　ネコは、御存知のとおり、着地がうまい。しかし、半端でなく高いところから落ちたネコはどうなるだろう？　この興味深い話題について、ニューヨーク・タイムズの科学別冊『サイエンス・タイムズ』に次のような記事が載った（1989年8月22日。以下は要約）。

　1984年の5カ月間に、ニューヨーク市の高層マンションからネコが落ちた事故のうち、何階から落ちたかという獣医師の記録があるのは129匹である（2階〜32階）。うち、死亡は8匹だったが、驚くべきことに、階が高いほど生存率も高いという事実が判明した。7階以上から落ちたネコ22匹のうち死んだのは1匹だけ。9階以上から落ちた13匹はすべて生き延び、しかも骨折は1匹だけだった。
　なぜ高階層から落ちたネコのほうが生存率が高いのか？　獣医師の説

明によると、ネコは、落ちると「終端速度」(それ以上速くならない最高落下速度)にすみやかに達する。それは時速60マイルで、人間の大人の終端速度の半分。この終端速度に達するまでは、ネコは脚を突っ張って抵抗するので、着地したとき怪我をしやすい。しかし終端速度に達した後は、ネコはリラックスし、脚をムササビのように広げるので、空気抵抗が高まり、着地時に衝撃が均等に分配されるのである。

　さて、統計数字そのものに間違いはなかったのだが、後に、この統計は根本的な誤解にもとづくものであることがわかった。つまり、高階層のネコのほうが下階層のネコより生き延びやすいという事実はなかったのである。
　統計と現実との間にズレが生じたのは一体なぜだろうか？

答え◎落下したネコ全体ではなく、獣医師に記録されたネコだけが統計の母集団に入っていることに注意しよう。つまり、次の２種類の集団に属するネコは、飼主が動物病院に連れて行かず、統計に含まれていないのである。
　①落ちたけれど怪我をしているようにみえなかった低階層のネコたち。
　②落ちてすぐ死んでしまった高階層のネコたち。
　①のネコは放っておかれただろうし、②のネコはさっさと埋葬されてしまっただろう。統計に記録されたのは、低階層から落ちて大怪我をしたが、低階層なので飼主が希望をもって動物病院に運んだネコと、高階層から落ちてたまたま軽傷ですんだが、なにせ高階層なので飼主が心配して動物病院に運んだネコ、この２種類が主となるだろう。
　こうして、「落下後、獣医に記録されたネコ」は、「落下したネコ」全体を代表するサンプルになっておらず、記事の統計は、高階層の生存率の高くなる方へ偏ったサンプル群にもとづいていたのだ。
　「終端速度に達したネコのムササビ効果」といった、一見もっともらしい獣医師の説明があったため、この統計の不思議な結論は鵜呑みにされやすい。「ムササビ効果」のような面白すぎる説明を信じる前に、統計に偏りがないか、疑ってみるべきである。

M. サヴァント『気がつかなかった数字の罠』(中央経済社)

017
自己充足的信念
Self-fulfilling Belief

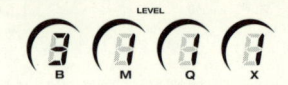

次のような信念を考えてみよう。
「私はこのことを信じている」
「このこと」とは、上の文全体で表わされている内容である。もう少し人工的に、次のように書き表してもよい。

A「私はAを信じている」

さて、この信念Aは、真だろうか、偽だろうか。

答え◎本人がAを信じていれば真、信じていなければ偽。
　ただし信じていなければこのA自体が信念ではないのだから、「偽なる信念」ということはありえない。
　つまりAは、信念であるかぎり、必ず真であるような信念である。つまり、信ずることによって、必然的に真となる信念である。言い換えれば、信ずることが正しいのだとわかっている信念である。
　しかしこれは、内容のない信念である。なぜなら、Aの信念の内容というのは、A自身であり、自分自身以外の何も指示しないので、そこからどこへも出て行きようがない。情報価値ゼロの空虚な信念なのだ。そのようなものを信念と呼ぶべきかどうか。
　「自分で自分を真とする信念」の有名な例「プラシーボ効果」を次に考えてみよう。

Peter Cave, "Too self-fulfilling" *Analysis*, 2001, vol.61

018
プラシーボ効果
placebo effect

「私の病気は治るだろう」

こう信じるがゆえに、本当に治る、ということはしばしばある。「病は気から」という諺に見られるとおり、この種の信念の効果は昔から知られている。

「プラシーボ効果」を考えよう。たとえ治療そのものには効果がなくても、たとえばデンプンを固めただけの偽薬（プラシーボ）が与えられても治療効果が認められることは多い。プラシーボ効果が確実に存在するからこそ、本当の薬の効果と区別することが重要となる。新薬の治験の場合には、患者のみならず医師にも、使っているのが本当の薬か偽薬かわからないようにして比較検査を進める「二重盲検法（ダブルブラインド法）」の手順が必須とされているのだ（医師にも隠しておくのは、患者への接し方に差が出て、間接的なプラシーボ効果が生ずる可能性があるから）。プラシーボによる治癒効果に比べて明らかにすぐれた効果を出さない薬は、有効とは認められない。

さて、プラシーボを与えられて治ってしまう患者は、「私の病気は治るだろう」という信念ゆえにこそ、治ったといえるだろう。プラシーボに薬効はないのだから、その患者の治癒の原因は、「私の病気は治るだろう」という信念の他に考えられない。つまりこの信念は、信じられることによってのみ自らを真とするような信念である。

これは、前問の「私はこのことを信じている」のような「空虚な信念」ではない。はっきりと、内容を持った信念である。つまり、その信念の外の事態（私は治るということ）を実際に指し示している。

1 それ以外にも、プラシーボ効果の「私の病気は治るだろう」という信念が「私はこのことを信じている」と違っているところがある。プラシーボ効果には、「この信念が自らを真にする」とは完全に言い切れない要因が2つあるのだ。何と何だろうか。

答え◎「私の病気は治るだろう」は、その信念がホルモンや生活スタイルに及ぼす影響、つまり**因果関係**によって「私の病気は治る」ことを真とするものだった。他方、「私はこのことを信じている」は、因果関係ではなく、**論理関係**によって自らを真としている。この信念を抱くことがすなわち、この信念が真であることそのものなのである。

　したがって、「私はこのことを信じている」には、自らを真としそこなう場合はありえない。他方、論理関係ならぬ因果関係によって自らを真とする信念「私の病気は治るだろう」は、それを信じても病気が治らない場合が多い。だからこそ、偽薬群は真薬群より「治りが悪い」はずだという前提で治験がなされるのである。

　もう１つの違いは、「私の病気は治るだろう」を、省略なしに詳しく述べると判明する。「私の病気は治るだろう」は、正確には、「この薬の薬効によって、私の病気は治るだろう」ということだ。ところが、プラシーボの場合は「この薬の薬効」なるものはない。したがって、「この薬の薬効によって、私の病気は治るだろう」は、偽である。この信念は、自らが自らを真にしてはいない。真になったのは、「私の病気は治るだろう」という大まかな信念であり、「この薬の薬効によって」を省略しなければ、真とならないのである。

2　さてこうして、プラシーボ効果においては、「この薬の薬効によって、私の病気は治るだろう」という偽なる信念が原因となって、「私の病気は治るだろう」が結果的に真となる、という構造が確認できた。

　では、原因である偽なる信念を、真なる信念に置き換えたらどうだろう。つまりこういう信念Bを抱いたとしたら。

　B　「（この薬の薬効によってではなく）この薬が効くと信じるゆえにこそ、私の病気は治るだろう」

　これは、自分が飲んでいるのがプラシーボであることを認識している状況である。しかしこの場合は、この信念によって本当に病気が治ることはないだろう。「これはプラシーボである」という真実を知ってしまうと、プラシーボ効果は現われないからだ。

　プラシーボ効果を一般化すれば、錠剤の形をとったプラシーボだけでなく、

温泉、食べ物、転地先の空気、優れた医師にかかっていること、励ましの言葉等々、「病気が治る」という信念の元になるものであればなんでもよい。実際は効果のない環境すべてを適当に含めてよいので、信念Bは次のいずれかの形で一般化できるだろう。

　C「私の病気が治ると信ずるゆえにこそ、私の病気は治るだろう」
　D「(とりたてて特別な理由もなく) 私の病気は治るだろう」

　さて、CとDのどちらかは病気を実際に治す効果があり、どちらかは効果がないと考えられる。効果があるのはどちらだろう。そしてそれはなぜだろう。

答え◎2つの信念の構造の違いを調べてみよう。
　Cの「信ずるゆえにこそ」は、「信ずるときにかぎり」という必要十分条件を述べている。「病気が治る」と信ずること以外には、病気を治してくれるものはない、と自覚しているのだ。「病は気から」という精神力だけで本当に病気が治ると信じられる人は、それほど多くないだろう。
　Dは、単に、「私の病気は治るだろう」と信じている。Cのように、「病は気から」という信念によって「信ずる者は救われる」と思っているわけではない。ただ、治ると信じているのだ。性格的に楽天家であるせいかもしれないし、催眠術で「治る」と信じ込まされたのかもしれない。いずれにせよ、何らかの「根拠」にもとづいて信じているのではない。「なんだか知らないが」私は治るに違いない、と信ずるのである。
　Dの場合は、相当の効果が見込めるはずだ。「病は気から」の効力がそのままあてはまるからである。Cのように、自分が治る根拠が「病は気から」もしくはプラシーボ効果であると意識してしまうと、効果が消える。「私の病気が治ると信ずるゆえにこそ」という部分は、完全に信念から排除されていなければならないのである。
　「意識のせいでうまくいくのに、意識するとうまくいかない」というこの擬似パラドクスは、「意識」の部分に注目するのではなく、純粋に論理的な形式に注目することで、別の形で表わすことができる。次の【無限後退】で

考えてみよう。

Peter Cave, "Too self-fulfilling" *Analysis*, 2001, vol.61

019 無限後退
infinite regression

LEVEL B1 M2 Q2 X1

1 ある事柄の理由が説明される。その理由が成り立つ根拠を問う。するとまた似た理由が説明される。その理由を問い質す。また似た説明が。これがどこまでも繰り返されて、いっこうに真相解明に至らない。このような状態は「無限後退（無限背進）」と呼ばれ、議論や学問の場では警戒される。

　△例1：「大地は何によって支えられているのか？」「大きな亀の背に乗っているのだ」「その亀は何によって支えられているのか？」「もっと大きな亀の背に乗っているのだ」「その亀は何によって支えられているのか？」「もっと大きな……」

　△例2：「どんな存在者にも原因がある」「では、宇宙の原因は何か？」「神だ」「なるほど。神は存在していると。では神も存在者なのだから、原因があるはずだな。神の原因は何か？」「もっと大きな神だ」「なるほど。もっと大きな神が存在していると。ではもっと大きな神も存在者なのだから、原因があるはずだな。もっと大きな神の原因は何か？」「もっともっと大きな……」

　しかし考えてみると、「説明」というものは結局はすべてこの無限後退パターンなのではなかろうか。たとえば科学で標準的な次の説明を見よう。

　△例3「人間を構成する単位は何か？」「細胞だ」「細胞を構成する単位は何か？」「分子だ」「分子を構成する単位は何か？」「原子だ」「原子を構成する単位は何か？」「素粒子だ」「素粒子を構成する単位は何か？」「クオークだ」「クオークを……」

　現代科学では、どこかに終点があるという保証は得られていない。すると、どこまでもこの「還元」は続けられねばならず、キリがなくなっ

> てしまう。
> 　となると、より基本的な単位で物事を説明していこうとする物理科学の「還元主義」は、むなしい無限後退なのだろうか。大亀や神による説明と、科学の還元主義的説明との間には、違いがあるのだろうか。あるとすればどういう違いだろう。

答え◎無限後退は、例1，例2から見てとれるように、次のような構造を持っている。

「P1」と信ずる根拠として「P2」、「P2」と信ずる根拠として「P3」、と続くとき、P1：P2＝P2：P3＝P3：P4……という同一の関係がいつまでも保たれる（亀ともっと大きな亀の関係は、もっと大きな亀ともっともっと大きな亀の関係に等しい）。金太郎飴のように、長い説明のどこをとっても全く同じ景観が得られる。つまり長々と説明を進めてゆく1ステップごとに特有の情報が付け加わらず、冗長なのである。

これに対し科学的還元論では、人間と細胞の関係、細胞と分子の関係、分子と原子の関係、原子と素粒子の関係、等々がそれぞれ別個の原理にもとづいている。すべてを統括する物理法則が想定されているにせよ、各段階の関係ごとに物理法則の新しいアスペクトを開示している。包括的な物理法則を、一つ一つのステップが代替不可能な形で独自に表現するのだ。よって、次の説明、また次の説明というふうに新たなステップを追ってゆく意義がある。

2　さて、前問【プラシーボ効果】の続きを、「無限後退」とリンクさせよう。【プラシーボ効果】は、次の2つの信念のうち、真となりそうなのはどちらか、という問題だった。
　　C「私の病気が治ると信ずるゆえにこそ、私の病気は治るだろう」
　　D「（とりたてて特別な理由もなく）私の病気は治るだろう」

「私の病気は治る」の根拠まで意識されているのがCであり、根拠は意識されていないのがDだ。真相を意識したがゆえに効果を失い、偽になってしまいがちなのがCであり、真相を意識しないがゆえに効果を保ち、真になりやすいのがDである。

つまり、本人によってCが真面目に主張されることは普通はありえない。他方、Dは、本人によって真面目に主張されてもおかしくない。CはDよりも不合理な信念なのだ。
　しかしこれは奇妙である。CもDも、プラシーボ効果によってのみ病気が治る状況で抱かれた信念だが、Dは治癒の根拠に無自覚であり、意識度が低い。Cは根拠を自覚しており、意識度が高い。意識度が高く、事態を客観視できている信念のほうが不合理だというのだ。これは変ではなかろうか。
　この一見矛盾したことがなぜ成り立つのかを説明してください。CとDに「無限後退」の図式をあてはめて。

答え◎信念Cの構造を見ると、次のような形をしていることがわかる。
　　　　　C「私がPと信ずるゆえにこそ、P」
　Pを信ずることが、Pの根拠として挙げられている。しかしこの理屈は、1番目のPについて「そのPの根拠は何ですか？」という問いを誘発する。Cの立場では、「私がPと信ずるゆえにこそ、です」という答えしかない。つまり、「私がPと信ずるゆえにこそ、P」という信念がもう1度繰り返される。それに対してはまた「ではその1番目のPの根拠は何ですか？」と問われうる。当然答えは、「私がPと信ずるゆえにこそ、P」。これは明らかに、無限後退だ。どこかで、Pが独立に信じられる地点へ行き着かねばならない。Dがまさにその地点である。
　　　　　D「(とりたてて特別な理由もなく) P」
　こうして、Cはそれ自体では（意識内の根拠が不備であるために）不安定で信じられない「非合理的」信念だが、Dは意識内の根拠にもともと頼らない「超合理的」信念である。Cは理由によって信じられる形をしていながら理由が不適格であるため非論理的になっているのに対し、Dは理由でなく何らかの原因によって生じているだけなので論理とは無関係であり、非論理的と責めることができないとも言えるだろう。

020
プラグマティズムのパラドクス
paradox of pragmatism

「真理とは何か」という問題は、古来、哲学の中心問題だった。真理と虚偽は、何によって区別されるのか？
　古くからある2つの対立する学説は、「対応説」と「整合説」である。

■真理の対応説……文は、それが述べている内容が現実に成り立っている場合に限り、真である。(真理とは、文と事実との対応)
■真理の整合説……文どうしは、その内容が互いに辻褄の合っている体系(構造を持つ集合)を形作るが、最も大きな体系に属している場合に限り、文は真である。(真理とは、文どうしの整合的関係)

対応説と整合説はともにヨーロッパの伝統的な真理論だが、20世紀に、重要な真理論としてもう1つの考えが付け加わった。「プラグマティズム(実用主義)」と呼ばれる、アメリカ原産の最初のメジャーな哲学説である。

■真理の実用説……文は、その内容に従わないより従ったほうがより大きな利益を生む場合に限り、真である。(真理とは、文の有用性)

この「真理の実用説」は、見かけほど軽薄な考えではない。「対応説」や「整合説」の支持者が、「真理の定義としてなぜあなたの定義を認めねばならないのか」と問い詰められたら、結局は「だってこの定義に従うと一番うまくいくでしょ？」と答えざるをえまい。「うまくいく」とは「実用的である(得をする)」ということだ。真理の実用説こそは、伝統的な真理観に根拠を与える、最も根本的な真理観だと認める現代哲学者も多い。

1　しかし真理の実用説に対しては、すぐに批判が思いつかれることだろう。2つ、述べてください。

答え◎まず第一に、「じゃあ、ウソの言葉であってもそれでうまくいきさえすれば真理になるのか」と反論できよう。ウソも方便。役に立つウソはたくさんある。逆に、真実を告げると都合が悪い場合も多い。得か損かという実用性は、真か偽かという区別とは一致しないではないか。

　たとえば、末期癌の患者を勇気づけるために「あなたはただの胃潰瘍です」と言い、それによって患者が何年も生き延びたというような場合（018【プラシーボ効果】参照）。

2　しかしこれは本当に反論になっているだろうか？　実用説の支持者になったつもりで、再反論してみてください。

答え◎末期癌患者に対してはウソを言うにしても、医師や家族はその言葉が「ウソ」であり、真実はあくまで別であることを認識していないと「うまくいかない」だろう。実用説は、個々の末端における言語運用に関する理論ではない。おおもとで、何が真理と認められるべきかについての理論である。「この文Ｐは虚偽だけれどさしあたり役に立つから真実ということにしておこう」という運用においては、あくまで「文Ｐは虚偽」という真実が把握されているからこそ、Ｐを役立てることができる。つまり、最も大きな視点で見た場合、「役立っている」のは偽なる文（「あなたは胃潰瘍です」）ではなく、真なる文（「この患者は末期癌だが、ウソで勇気づけることにより余命が延びるだろう、治療はあくまで癌に適した方法を用いねばならない」）であることがわかるだろう。

3　1つの批判をこれで片づけた。もう1つ批判を考えてください。

答え◎こちらはやや思いつきづらいかもしれないが、実用説に対する反論としてしばしば持ち出されるものである。こう問われたら実用説の支持者はどう答えるべきだろうか。

　「あなたの『真理の実用説』は、対応説や整合説に比べて、より『実用的』でしょうか。より多くの『利益』を生むでしょうか。『真理の実用説』が真であるためには、それ自身の基準、つまり『役に立つ』という点で対応説や

整合説に勝っていなければならないはずですが」

　この反論が結構強力なのは、真理というものには独特の「崇高さ」「絶対性」があり、その「絶対性」を守ることこそが実用的だと考えられるからである。べつに宗教的な意味でなくとも、日常や科学での「本当」「真」という概念は、「たとえ誰も知らなくても本当のことは本当」という、人間界の基準を超えた絶対的な含みを持っている。現在、最も「うまくいっている」科学理論である量子力学にしても、いつかは修正されるべき、近似的真理にすぎないと考えられているし、「100％真である究極の理論」は人間には発見できないだろう、という科学観も十分意味を持っている。これは、「役に立つ」ことと「真である」ことが意味上ズレている証拠だろう。もしも真理が実用性として「定義」できるとすれば、最も実用的である理論が「本当は真でない」と考える根拠はないはずだ。

　こうして、**個々の文の**真理性の定義としては実用説はうまくいっても、**真理そのものの**包括的な定義としてはうまくいかない、ということになりそうである。

　ちなみに整合説も同じ問題を抱えている。人間界の文の整合的な集合のうち最も大きな集合に属する、という性質は、時代や社会によって変化するので、どの文が真であるかということは相対的な事柄になってしまい、真理探究の動機が見出しにくくなる。

　結局、対応説による真理の定義だけが、不完全な人間界の利害や信念や規約を超えた絶対的基準を認め、その基準への近似として「真理の発見」を促し、価値ある真理の体系を実現するという、「実用的な」真理論のように思われる。

　これは、実用説や整合説に比べて対応説のほうが優れているということではない。実用説の基準で（真理探究の役に立つという基準で）真理論を判定すれば、実用説そのものでなく対応説のほうが「実用的」ではないか、という、実用説の矛盾を示しているにすぎない。T.S.エリオットの言葉でいうと、「プラグマティズムの最大の弱点は、結局は実用的でないということである」。ただし、これが本当にプラグマティズムの「矛盾」であるかどうかは、後に083【ヒュームのパラドクス】で改めて考えることにします。

　　　　　　　　　ウィリアム・ジェイムズ『プラグマティズム』（岩波文庫）

021
放蕩者のパラドクス
paradox of rakehell

LEVEL B1 M2 Q1 X1

　あなたは不倫をして帰ってくる。ただの不倫ではない。出会い系サイトで知り合った16歳の女子高校生が相手だ。あなたは罪悪感を覚える。少女に対しても、何も知らないあなたの妻に対しても、そして同じ16歳のあなたの娘に対しても。そしてフト、自分が罪悪感を覚えていることに安心する。自分には道徳観念がある。自分は全く堕落しきっているわけではないのだ、と。

　あなたは自分を恥じている。恥じることなく罪をなすのに比べれば、罪をなして恥じることは、はるかにましである。少なくとも「恥知らず」ではなくなる。しかし……、恥じていることによって「自分は恥知らずではない」と満足感を覚え、いい気持ちになっているとしたら、本当に恥じていることになるのだろうか？　援助交際などしていることが罪悪感を呼び、罪悪感が自己向上のためのステップになっているとでもいうのか。本当に罪悪感に打ちのめされているならば、徹底的に不愉快な気分になっているはずだろう。恥知らずではないと証明された自分を誇らしく思うのでは、単に罪悪感を利用しているだけであり、恥じたことにならないではないか。とするならば、恥じたことに満足する理由もないはずだ。しょせんあなたは恥知らずなのだ。

　結論として出てくるのは、こういうことだ。——「罪悪感」を抱くことは善だが、その「罪悪感」を抱いている「善なる自分」を意識して気分よくなるというのは悪だ、と。——それでは、〈単に罪悪感を抱くだけ〉の状態のほうが、〈罪悪感の道徳的意義まで意識する〉状態よりも良いということだろうか。しかし意識度の低い状態のほうが良いとは、道徳の観念に反しているように思われるのだが……

　次のうちから、正しいものを選んでください。

1. 意識度の低い状態のほうが道徳的によい、という場合がある。罪悪感については、それがよい感情だと気づかずにひたすら悩ま

くっている場合の方がよい。
2．意識度の高い状態のほうが常によい。罪悪感の善なることに気づいて気持ちよくなるのは、単に罪悪感に打ちのめされてしょげている状態よりも道徳的によい。
3．罪悪感を感じることは道徳的な善だが、その善であることを気持ちよいと感じるかどうかは道徳的な善悪には関係ない。
4．そもそも罪悪感を感じるかどうかは道徳的な善悪には関係ない。

答え◎これは、019【無限後退】で見たような、「意識すると不合理になってしまう」タイプの擬似パラドクスである。

　正解は、3だろう。4とまで言うと行き過ぎだと思われる。やはり、悪を悔いること自体は善であると認めねばなるまい。

　「自分の心を顧みると、そのぶん、元の心は純粋さを失う」という現象は、考えてみれば、罪悪感だけの問題ではない。同僚に嫉妬している自分の感情を顧みれば、その内省の程度に応じて気がまぎれ、嫉妬そのものから注意がそれて、自己観察の比重が高くなる。皆既日食を見上げて興奮している自分自身にふと注意を向けているときは、興奮や快感がそのぶん薄くなっているだろう。

　気が散っている場合は、そのぶん、感情や感覚の「強度」が落ちている。しかし、感情の「善悪」についてはどうだろうか。気が散って強度が落ちると、善の度合もそれだけ落ちると考えるべきだろうか。2通り考えられる。

　α．善悪は感情の問題だと考える場合。罪悪感に自己満足すれば、それだけ罪悪感から気が逸れ、罪悪感の感情の強さが減り、善の度合は減るだろう。

　β．善悪は論理の問題だと考える場合。罪悪感を覚えることと、それに対して自己満足を覚えることは別のレベルの問題となる。すなわち、恥ずべき行為Aの善悪と、Aへの恥・罪悪感Bの善悪と、Bへの満足感Cの善悪とを区別すべきである。Cの存在はBの善悪の度合に影響しないし、Bの存在はAの善悪の度合に影響しない。

　α、βどちらの立場をとるべきかは、文脈によって異なるだろう。罪悪感への満足が罪悪感の倫理的価値を台無しにする、という可能性が不条理だと感じる人は、βの立場をとって不条理感から脱出できる。罪悪感を満足感の

道具にするのはけしからんと感ずる人は、αの立場をとって罪悪感の対象化を責めることができる。しかし、罪悪感そのものを対象化して見つめなおすことは、それが快いか不快にかかわらず、罪悪感の源だった悪行そのものを新たな視角で見つめ直し、より深い内省に至る道だろう。つまり、本人の倫理的成長に貢献するだろう。そう考えると、βのほうが実りある倫理観ではないだろうか。

Richard Moran, "Impersonality, character, and moral expressivism" *Journal of Philosophy*, 1993, vol.90

022 ナッシュ均衡
Nash equilibrium

LEVEL B2 M1 Q2 X3

018【プラシーボ効果】、021【放蕩者のパラドクス】のように「知ってしまうと不都合になる」だけでなく、いっそのこと知って知って知りまくるとどういうことになるか、という一連の奇妙な事例を味わおう。

まずは、〈数当てゲーム〉である。

10人が各自、0から100までの好きな実数を、他の9人に知られずに選び、審判に提出する。審判はその10個の数の平均値Xを計算し、それに0.9をかけてYとする。この値Yに一番近い数を選んでいた人だけが1千万円を獲得する。

つまり、みんなの選んだ数の平均値の9割にあたる数を推測せよ、というゲームである。このルールを頭に入れた上で、さあ、ゲーム開始。全員が数を選択する。

1 プレイヤーの1人であるあなたは、何を選択しますか？

答え◎0から100までのどれを選んでもよく、互いに申し合わせはできないのだから、平均値は50で、その9割、つまり45が正解だろうか？

2 しかしそれでよいか……？　もう少しじっくり考えてみよう（賞金1千万円は大変な額だから他の9人も真剣に考えるでしょうし）。

LEVEL…… B［純度］　M［膨張度］　Q［挑発度］　X［緊急度］

答え◎かりに全員が100を選んで、平均値が最大の100をとったとしても、どうせ正解はそこに90％かけて得られるのだから、90より大きな数は正解ではありえないことが容易にわかる。したがって、あなたも含め10人のプレイヤーが「特に頭が悪くない」人々ならば、90より大きな数を選んでいるはずがないだろう。

　こうして、本当の選択肢は0から100ではなく、0から90までだったことになる。そうすると、平均値は45で、その9割つまり40.5が正解だろうか？

3　しかし……？　もう少しじっくり考えてみよう。

答え◎かりに全員がギリギリの90を選んで、平均値が最大の90をとったとしても、どうせ正解はそこに90％かけて得られるのだから、81より大きな数は正解ではありえないことが容易にわかる。したがって、あなたも含め10人のプレイヤーが「特に頭が悪くない」人々ならば、81より大きな数を選んでいるはずがないだろう。

　こうして、本当の選択肢は0から81までの数だったことになる。そうすると、平均値は40.5で、その9割つまり36.45が正解だろうか？

4　しかし……？　もう少しじっくり考えてみよう。

答え◎かりに全員が81を選んで、平均値が最大の81をとったとしても、どうせ正解はそこに90％かけて得られるのだから、72.9より大きな数は正解ではありえないことが容易にわかる。したがって、あなたも含め10人のプレイヤーが「特に頭が悪くない」人々ならば、本当の選択肢は0から72.9までの数だったことになる。そうすると、平均値は……。

5　もうおわかりだろう。「特に頭が悪くない」といえる程度の、いわゆる「合理性」を備えた人間がこのゲームをすると、この推論が無限に繰り返されることになり、そのつど適正な正解は小さくなってゆく。

　そうすると、「特に頭が悪くない」ということが完璧に成り立つ人々、すなわち「無限に合理的な」プレイヤーたちが選択する値は、最終的にいくらになるのだろうか。

答え◎正解はn回の推論の後に次のような値になっている。

$$\frac{100 \times (0.9)^n}{2}$$

　これが（n→∞）においてとる極限値は、ゼロである。このゲームでは、みな、0を選択するのが正解となるのである。
　この種の、参加者全員が完全に考え抜いた末にもたらされる戦略の均衡点は、「ナッシュ均衡」と呼ばれる。映画『ビューティフル・マインド』で知られる天才数学者ジョン・ナッシュが定式化した概念だ。
　「ナッシュ均衡」は、プレイヤーが互いに最適反応（最も合理的な反応）をとったために一定の戦略の組合せに落ち着いている状態である。つまり、自分が一方的に戦略を変更すると自らが不利になってしまうことが互いにわかっているために、誰ひとりとして戦略を変更すべき動機を持たないような、そういう安定状態だ。
　ただし現実には、ナッシュ均衡とは食い違う戦略が採用されることもしばしばある。人間を完全に合理的な存在と見なす数学的モデルを使ってきた標準経済学にも、人間の実際の直観や感情、錯覚などを重視する心理学が加味されるようになってきている。

　R. Nagel, "Unraveling in guessing games: an Experimental study" *American Economic Review* 85 (5), 1995

023 美人投票のパラドクス
beauty contest paradox

LEVEL **1 1 2 3**
B M Q X

　前問【ナッシュ均衡】的な、多数決に伴う不合理な現象は、巷の株式投資の記事でしばしば「美人投票のパラドクス」として紹介されている。
　美人投票を実施し、最多得票を集めて１位になった美人に投票した人たちだけが「目が肥えている」ということで賞金をもらえる仕組みになっているとしよう（本書でも「ヒューリスティクス3部作」「フレーミ

ング3部作」でやってきたいわゆる「クイズ100人に聞きました」方式)。各々の投票者は、自分が心底から「これが一番」と思う女性に投票するのではなく、多くの投票者が投票するであろう女性に一票投じる戦略を採る。そうでないと賞金を獲得できないからだ。結果として、大多数の人に本当に好まれる女性が優勝するのではなく、いわば無難な美人が優勝することになるわけだ。

　実際の美人コンテストはそうしたシステムになってはいないが、審査員がみな、大多数の判断と食い違う判断をすることを恥じる傾向にある場合、似たような「多数決のパラドクス」的結果が出ることになる。

　株ではまさにこの論理が当てはまると言われており、自分が良いと思う株よりも、他の多くの投資家が買うだろう銘柄を買ったほうが、値上がりして利益を得る確率が高い。株価は、真の価値よりもイメージ上の人気に左右されるというわけだ(ただし、影響力ある1人または少数の投資家(仕切り屋)の意見が表明されることでマーケットが動くことも多いので、この「多数決のパラドクス」はあまり生じないという指摘もある)。

1　さて、この美人投票に、前問【ナッシュ均衡】と同じパラドクスは生じるだろうか。つまり、「合理的結論がゼロに収束する」、言い換えれば「候補者の中で最低の不美人が(といっても見た目明らかなブスは候補者にもともと入っていないだろうから、相対的な意味で候補者中最も不美人である女性が)優勝する」というパラドクスは生じるだろうか。

　生じるようなモデル(物語)を前問にならって記述してみてください。
　※ただし、単純化のため、次の2条件を設定します。
　1．投票者全員の好みは一致している。つまり候補女性の「美人度」はトップからビリまで一列に客観的に定まっている。
　2．投票者は全員、他の投票者の好みを知らず、自分の審美眼が個性的だと思っている。

答え◎任意の1人の投票者の心理を次のように描写することができるだろう。
　Σ「7番の女性が断然いいな。しかしたぶん、大多数の投票者が7番を選ぶことはないだろうな。僕の個性的な好みが最大多数の好みと一致している

ことはありそうにないからね。7番さんを100点とすると、どうせ大多数の好みなんてのは、せいぜい90点程度のものだろう。てわけで、最大得票を得るのは僕の基準で90点に相当する3番の女性ってところか。じゃあ3番に投票するべきだな。ふむ……。しかし待てよ。みんなも僕と同じように考えるはずだよな。てことは、ほかの投票者もそれぞれ自分の好みに90%かけた程度の女性に投票しようとするのではないか。するとまた90%をかけて、81点程度の女性が最多得票となりそうか。てことは81点に一番近い12番の女性に投票すべきかな。しかし待てよ。みんなも僕と同じように考えるはずだよな。てことは、ほかの投票者もそれぞれ自分のここまでの判断にまた90%かけた程度の女性に投票しようとするのでは。するとまた90%をかけて……」

　こうして、何度も90%をかけ合わせる結果、選択はゼロに収束し、候補者の中で最も低く評価された女性に投票することになってしまう。投票者が、他人の好みを知らないまま互いの判断を気にした投票をすると、なんと一番低レベルだとみんなに思われている女性が美人コンテスト優勝者になってしまうのだ！

2　上の**1**の答えは、単に、【ナッシュ均衡】のモデルを美人投票に機械的に当てはめた物語にすぎない。さてそれでは、上の推論どおりのメカニズムが本当に働くだろうか。

答え◎働かない。【ナッシュ均衡】の問題では、客観的な大きさの決まる「数」が母集団になっていた。美人投票では、美という主観的な序列づけが尺度となっている（条件1がたまたま成り立っているとしても、投票者の心の中では、美の序列は人それぞれだと想定されている）。ゆえに、判断Σにおいて、無限の9割掛けは生じない。なぜかというと、90点の女性から81点の女性へのシフトが起こらないからである。投票者の1人A氏の推論「ほかの投票者もそれぞれ自分の好みに90%かけて得られる程度の女性に投票しようとするのでは」は確かに合理的なのだが、客観的な大きさを持つ「数」の場合と違って、主観的な「美」の場合には、「ほかの投票者が自分の好みに90%かけて得られる程度の女性」より下に、A氏が100点をつけた女性が含まれている（とA氏が思っている）であろうことを忘れてはならない。他の投票者

は、A氏的に100点の女性をもともと20点としか評価してないかもしれないからだ。こうして、A氏が合理的推論を無限回反復したとしても、彼の心の中では90点→81点→72.9点→というシフトは起こらない。もともと高得点だった女性たちが順次永久に排除されてはいかないところが、「数」の場合と違うのである。

したがって、美人投票の場合は、真の主観的価値から極端に逸脱することはなく、全員の本音の7〜8割程度の「そこそこの美人」が順当に優勝する可能性が高いだろう。

なお、全体の状況が低レベルであるときは、美点の多さによってではなく欠点の少なさによって投資先を選ぶというような消極的な戦略がとられる。これは「不美人投票 non-beauty contest」と呼ばれる。不美人投票ははじめから無難さを狙うため、美人投票以上に「そこそこのレベル」が選ばれることになるだろう。

J. M. ケインズ『雇用・利子および貨幣の一般理論』(東洋経済新報社)

024
アイスクリーム売りのパラドクス
ice cream parlors paradox

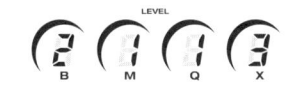

LEVEL 2 1 1 3
B M Q X

海水浴場に、2軒のアイスクリーム屋がワゴンを出している。どちらも同じ製品を同じ値で売っているので、海水浴客は、近いほうのワゴンでアイスクリームを買う。簡略化のため、海水浴場を1次元の直線で表わし、海水浴客はこの直線上に均等に分布しているものとしよう。

西   A→   ←B   東

西半分の客にとっては店Aが近く、東半分の客にとっては店Bが近いので、それぞれの店が客を半数ずつ獲得して、うまく共存していた。

しかしAは考えた。ワゴンをもう少し東に寄せれば、Bとの中間にいる客のうちより多くが自分のところに来てくれるようになる。「縄張り」

が増やせる。こうしてＡは、Ｂにワゴンを近づけて置き、その結果、Ａは今までの客に加え、本来Ｂの客だった一部の客をも新たに獲得して儲かった。

　Ｂは黙視しているわけにいかない。自分もワゴンを西に寄せて、客の奪回を図った。こうしてＡとＢは縄張り更新をエスカレートさせて次第に真ん中へ寄り合ってゆき、ついに海水浴場の中央に並んで店を構える格好になった。

　結果として、最初の配置のときに比べ、海水浴客たちからワゴンまでの距離の平均値は遠くなり、東端や西端の客の多くが、足を運ぶのが面倒になってアイスクリームを買わなくなった。意地を張りあったがために、ＡもＢも売上が減って損してしまったのである。

　ただし、始めの位置は「自分が一方的に戦略を変更すると自らが得をするので、戦略を変更すべき動機を持つ不安定状態」であり、真ん中に並んだ最終状態は「自分が一方的に戦略を変更すると自らが不利になると互いにわかっているので、戦略を変更すべき動機を持たない安定状態」である。つまり、022【ナッシュ均衡】で見た合理的な安定点は、売上の少ない最終状態のほうなのである。

　しかし、合理的判断の結果、売上が減るなどということがありうるのだろうか。ナッシュ均衡の概念には欠陥があるのか？　次の２つから正しいほうを選んでください。

1. みすみす損とわかっていて合理的などということはありえない。互いに繁盛する始めの位置に戻るのが、不安定ではあっても合理的なのだ。
2. 相対的に損ではあっても、ナッシュ均衡にしたがって、真ん中に並んで出店しているのが合理的だ。安定したそのままの位置で頑張るべきだ。

答え◎値下げ競争においても似たことが生ずる。駅前の２つの薬店が、相手より多くの客を集めるために値下げをやりあって、結局は互いに損をするという状況だ。

こうしたときによくなされるのが、「談合」である。限りない競争の果てに損をしては元も子もないので、同じ製品については同じ値段というふうに相談して決めるのである。高値安定の談合では客が離れていくばかりだが、適当な安値での談合は、共存共栄のために必要だろう。
　こうして正解は、1となる。AとBは協定を結んで、もとの位置に戻るのである。互いに、相手が少しでもワゴンを寄せたらこちらも寄せるぞ、そうなれば互いに損だぞと警告しあう協定だ。相手の位置をモニターできる条件が整っていれば（目で見て確認する以外に、客足などで間接的に相手の抜け駆けを察知できる）、均衡が得られるだろう。自分が抜け駆けできたときほど得ではないが、意地の張り合いの結果である2よりは得な、1の状態に落ち着くことになる。談合がなければ2がナッシュ均衡だが、談合が入ったことによりナッシュ均衡が1へ移るわけである。
　ただし、談合ができる状況ばかりではない。次に、談合や協定が不可能である場面での最適戦略を考えよう。

ロバート・ギボンズ『経済学のためのゲーム理論入門』（創文社）

025 囚人のジレンマ：N回バージョン
prisoner's dilemma: repeated version

LEVEL　B1　M2　Q2　X3

　状況の変化による022【ナッシュ均衡】の変動ぶりを具体的に見るには、古典的なパズル「囚人のジレンマ」が一番よいだろう。
　コンビを組んでスパイ活動をしていたあなたと相棒は警察に捕えられ、別々の取調室で尋問を受けている。罪を自白すれば、それだけ減刑してやるという取引を検察から持ちかけられた。具体的にはこうである。

　a．あなたも相棒も黙秘を貫けば、証拠不十分なので不法入国の罪だけとなり、2人とも半年間拘留される。
　b．あなただけが黙秘して相棒が自白すれば、相棒はただちに釈放され、あなたは懲役10年。
　c．あなただけが自白して相棒が黙秘すれば、あなたはただちに釈放

され、相棒は懲役10年。
d．あなたも相棒も自白すれば、2人とも懲役5年。

あなた＼相棒	黙　秘	自　白
黙　秘	(0.5年, 0.5年)	(10年, 釈放)
自　白	(釈放, 10年)	(5年, 5年)

　全く同じ取引が相棒にも持ちかけられていることがわかっている。あなたと相棒は完全に隔離されていて、相談はできない。

❶　ここで、あなたはどうするのがよいだろうか。ただしあなたは利己的に自分が良くなることだけに関心があるものとする。

　答え◎022【ナッシュ均衡】で見た合理的決定法、つまり「自分が一方的に戦略を変更すると自らが不利になることが互いにわかっているため、どちらも戦略を変更すべき動機を持たない安定状態」は、「自白」という戦略である。「黙秘」戦略をとると、相手が黙秘するにせよ自白するにせよ、こちらが自白へ転じればこちらはそれだけ有利になるので、ナッシュ均衡の「自分が一方的に戦略を変更すると自らが不利になる」という条件は満たされない。よって、「自白」が最適反応となる。
　しかし、その結果として生ずる「両者自白」は、「懲役5年」という、両者にとって最善どころか下から2番目というかなり悪いものになってしまう。決して喜ばしくない結果にしかならないその選択は、本当は合理的でなかったことになりはしないか。互いに相手を信じて「黙秘」を貫きさえすれば、「半年間拘留」というかなりよい結果を得られるのだから。むろん相手に裏切られたら最悪だが、始めから相手の裏切りを想定して「自白」すると、結果はよくなる見込みが乏しいのである。
　むろん、前問**【アイスクリーム売りのパラドクス】**のような談合ができないので、より得な（黙秘，黙秘）を合理的な選択とするナッシュ均衡が回復できず、損なほうの（自白，自白）が合理的な均衡として残り続けてしまう。しかし、みすみす損な選択が合理的なはずはないので、「自白」が賢明であ

りかつ賢明でないという、難しい状況に置かれることになる。

2 さてここで、囚人のジレンマのゲームを、次の２つのバージョンでやってみよう。

ルール……**1**のオリジナルを、下図の賞金方式に変える（ゲームの繰り返しを可能にするために）。１点１万円とでもしておこう。
ゲームＡ……このルールで１度だけ選択を行なう。
ゲームＢ……このルールで、同じ相手と200回選択を行なう。

あなた＼相棒	協　調	裏切り
協　調	（3点，3点）	（0点，5点）
裏切り	（5点，0点）	（1点，1点）

　さあ、多くの点数を稼ぎたいあなたは、ゲームＡの場合、ゲームＢの場合で、「協調」「裏切り」どちらの戦略をとるだろうか。いや、まずは「ヒューリスティクス３部作」「フレーミング３部作」の要領で、大多数の人がとりがちな戦略を当ててください。

答え◎あなた自身がこのゲームをやっているとリアルに想像すれば、自ずと正解がわかるのではないだろうか。そう、ゲームＡの場合は、プレイヤーは裏切りをする傾向がある。これは、ナッシュ均衡の理屈に合っている。
　ゲームＢの場合は違ってくる。もしも裏切りをすると、相手が協調してきた場合には相手に損害を与えるので、次回から相手も裏切りに走る確率が高いことが理解できる。そうなると、裏切り×裏切りで１万円というありがたくない結果が続くだろう。それよりも、自分は強調しますよということを相手に見せて、協調×協調の３万円で均衡する道を選ぶのが賢明だろう。こうして、繰り返しによって次回に戦略をフィードバックさせられる仕組みが、互いに談合するのと同じ効果をもたらし、協調戦略をとりやすくさせるのである。ただし「協調」のほうが多くなるわけではなく、ある実験によると、

総計でちょうど50%ほど「裏切り」が選ばれ、後半だけとると、65%が「裏切り」だったという。

　実を言うと、ゲームBの場合も「逆向き推論」を厳密に行なうと、始めから最後まで双方裏切り続けるのが合理的となる。なぜなら、200回目には後がないので、相手の出方にかかわらずこちらは裏切るのが得である。裏切り×裏切りがナッシュ均衡だ。すると199回目は、次の回で双方裏切りと決まっているので、いま協調してみても意味がないことがわかる。よって、双方とも裏切る。すると198回目は、次の回で双方裏切るとわかっているので、いま協調しても意味がない。よって……、となって、第1回目から双方裏切るのが正解ということになる。

　ただし実際は、相手が逆向き推論に厳密にしたがう合理主義者かどうか互いに確信しづらいこと、そもそも逆向き推論を思いつかないこと、等々が関係するのか、少なくとも後半に入るまでは互いに「協調」を選ぶ率が高いようだ。

　　　📖 三浦俊彦『論理サバイバル』（二見書房）⇒ 077【チェーン店のパラドクス】

026 アクセルロッドの実験
Tit-For-Tat

LEVEL　B1　M1　Q3　X3

　前問のゲームB（200回ゲーム）を、一騎討ちではなく、リーグ戦で行なうことにしよう。たとえば100人が総当りで、200回ゲームをやってゆくのである。勝ち数の一番多い者が優勝。

　これは実際に、政治学者ロバート・アクセルロッドが主催した実験だ。1980年のコンピュータ選手権。応募者たちが、囚人のジレンマの繰り返しゲームを行なうプログラムを作り、コンピュータ上で戦わせるのである。最も強かったプログラムが、囚人のジレンマの「解決法」だろうというわけだ。

　第1回選手権の参加は14プログラム。独特の規則で協調と裏切りを混ぜてゆくプログラムもあれば、相手の出方に合わせて協調と裏切りを組み替えてゆくきわめて複雑なプログラムもあった。自分自身との対戦も

LEVEL……B[純度]　M[膨張度]　Q[挑発度]　X[緊急度]

含む総当たり戦で、統計的なゆらぎを抑えるため、各プログラムは同じ相手と5試合ずつ戦う。平均得点の一番高いプログラムが優勝である。

1 前問の表を見てください。1試合あたり、平均して何点取れるはずだろうか。

2 14プログラムのほかにもう1つ〈でたらめ〉が参考のために加わっていた。すなわち、協調と裏切りとを、半々の確率で各回ランダムに行なうだけの単純なプログラムである。〈でたらめ〉の順位は何位だっただろうか。

3 優勝したのはどんな規則のプログラムだっただろうか。

答え◎1 4つの各マス目が確率$\frac{1}{4}$で生じると考えられるので、0点、1点、3点、5点を合計して4で割れば、1回ごとの平均得点となる。それを200回やるので200倍して、1試合で平均450点。

2 〈でたらめ〉は、平均得点276.3で、最下位だった。じゃんけんなどでは、グー、チョキ、パーを$\frac{1}{3}$ずつデタラメに出してゆく「確率戦略」が最強なのだが、囚人のジレンマのように意識的な戦略がものを言うゲームでは、確率戦略は通用しなかったようで、やはり「勝つ」ことを目的に作られた他のプログラムにはかなわなかった。

ちなみにブービー賞、つまり応募プログラムのうち最下位は、77行という最長のきわめて手の込んだプログラムで、平均得点282.2点だった。

3 この問題の正解は、論理的に考えてもわからない。どんなプログラムが最強なのか数学的に証明されているわけではないので、事実として最高得点をとったプログラムがどういうものだったかを直観で言い当てるしかない。というわけで――、

――現実の優勝は、「ティット・フォー・タット」(〈オウム返し〉または〈しっぺ返し〉)という、応募プログラムの中で最短の、4行のプログラムだった。〈オウム返し〉は、次の規則にしたがう。

　　※最初は、「協調」する。
　　※次からは、前回の相手の手を真似する。

これだけ。こんな単純なプログラムが優勝したのだ。

第2回選手権も行なわれた。今度は、回数をカウントして最後に離反する

といった戦略を防いで勝負を現実的にするため、いつゲームが終わるかは確率的に制御された。参加プログラムはぐっと増えて62チーム＋〈でたらめ〉。第1回優勝者の〈オウム返し〉打倒を目指した選りすぐりの顔ぶれだった。
　しかし第2回選手権の優勝はまたも〈オウム返し〉だった。

4　ただし、リーグ戦ではなく1対1で戦うとすれば、〈オウム返し〉に必ず勝てるプログラムがある。どういうプログラムだろうか、例を挙げてください。

答え◎これは簡単だろう。たとえば、始めから最後まで「裏切り」を続けるプログラムα、最初だけ「協調」してあとは全部「裏切り」にするプログラムβ、始めの2回だけ協調してあとは全部「裏切り」にするプログラムγは、どれも〈オウム返し〉に勝つ（証明は簡単なので省略します）。〈オウム返し〉に勝てるプログラムは無数にある。
　実を言うと、第1回、第2回選手権大会のいずれでも、〈オウム返し〉は、参加したどのプログラムにも勝たなかったのである。つまり、どの対戦相手に対しても、負けるか、引き分けだったのだ！
　決して勝たないが、負けたときの失点が少ない、それが〈オウム返し〉なのだ。タイマンは弱いが総合点で優勝してしまう。恐るべき戦略である。
　ちなみに〈オウム返し〉の平均得点は、第1回選手権では504.5点。最高得点はたったの600点（自分自身と戦ったとき）。〈でたらめ〉には敗北している。その程度の力で優勝できてしまうというのは、他のプログラムが弱すぎたということであり、上位に勝つプログラムでも下位に負ける失態が多すぎたということである。囚人のジレンマゲームの難しさが浮き彫りになった形だ。
　〈オウム返し〉の特徴を改めて定式化すると、次のようになる。
　1．自分からは決して裏切らない。
　2．相手の裏切りにはただちに制裁して、つけこまれないようにする。
　3．相手が謝ったらすぐに許す。
　4．シンプルな戦略なので、相手がこちらの行動を容易に推測でき、不安を感じずにすみ、裏切る誘因を低め、協調する誘因を高める。

2は、010【報復のパラドクス】**4**に通ずるところがある。タイミングのよい報復は戦略として正しいということだ。ただし、しばらく経ってから報復するような心のねじれたプログラムは、点が伸びない。わかりやすい戦略でないとダメなのだ。それを一般化したのが、4の「手の内を知られると有利に働く」という面白い性質。将棋のようなゼロサムゲーム（一方が勝てば他方が必ず負けるゲーム）では、手の内を読まれると即負けにつながる。囚人のジレンマは非ゼロサムゲームなので、双方とも勝つ（双方とも得をする）可能性があるのだ。

　ただし、〈オウム返し〉が最強だからといって、人生における個々の戦いで1〜4が最も有利かというと、難しいところだろう。〈オウム返し〉はタイマンでは決して勝者になれないことが実証されているし、人生はゼロサムゲームに満ちているからである。ただ、複雑な現実は、勝敗もはっきりしない同時進行リーグ戦（バトルロイヤル）のようなものなので、長い目で見れば、1〜4が最も「得な」戦略であることは間違いなかろう。個々の対戦では負けが込んでいるがいつのまにか全体の中で浮上しトップに登りつめている、という人が確かにいるような気がする。そういう人はたいてい、1〜4を満たした「寛容かつ毅然たるわかりやすい人格者」なのである。

　　　　　　ウィリアム・パウンドストーン『囚人のジレンマ』（青土社）

027 勝者の呪い
winner's curse

LEVEL 2/B 1/M 2/Q 2/X

　あなたは、ネット上のオークションで、今は小売市場で入手できないα波誘導マシンの、記念的な第1世代タイプを購入しようとしている。出品者A氏はそのマシンのA氏自身にとっての価値Xを知っており、あなたはそのXを知らない。ただし、次の2つのことだけはあなたにわかっている。

　a．ゼロ円≦X≦10万円であること。
　b．あなたにとってのマシンの価値は、Xの1.5倍であること、（つまりあなたはA氏に比べて頭脳労働上のストレスが1.5倍高いので、

マシンをそれだけ有効に活用できる）

あなたは購入希望額Yを提示する。Y≧Xであれば、あなたはマシンを落札できる。Y＜Xであれば、A氏はマシンを売ってくれない。

1 さて、Yとしてあなたはいくらを提示するべきだろうか（ただしあなたは、マシンも欲しいが現在金も必要なので、ギリギリの値で落札せねばならない）。

答え◎ゼロ円≦X≦10万円しかわかっていないので、Xの期待値は、10万円の半額の5万円。あなたにとっての価値の期待値はその1.5倍で7万5千円。すると、落札にはY≧Xが必要ゆえYは5万円を下限とする一方、7万5千円以上では高すぎる。こうして、5万円≦Y≦7万5千円のどこか、たとえばその中間の6万2500円くらい。

しかし……、これは賢い提示額だろうか？

2 022【ナッシュ均衡】の要領にならって、もう少し慎重に考えてみよう。

答え◎6万2500円で落札できたとしよう。すると、6万2500円≧Xであることが判明する（そうでないとA氏は売らなかったはずだ）。ということは、Xの期待値は6万2500円の半額の3万1250円。あなたにとっての価値の期待値はその1.5倍で4万6875円。こうして、3万1250円≦Y≦4万6875円のどこか、たとえばその中間の3万9062円くらい。

しかし、3万9062円で落札できたとしよう。すると、3万9062円≧Xであることが判明する。ということは、Xの期待値はその半分の……、これが延々と続き、合理的なYはどんどん下方修正されてゆく。

このことを、逆向きの見方で一挙に眺めてみよう。Y円でマシンが購入できたと仮定する。その場合、A氏が売ったのだからY≧Xであるはずで、Xの期待値は$Y/2$円だったことになるだろう。するとあなたにとってのマシンの価値の期待値は、$Y/2 \times 1.5 = 3Y/4$円となる。それをYで購入したのだから、利益は差し引き$-Y/4$。

利益はマイナス、つまり損失ということだ。この損失の期待値はYがどんな値でも発生する。つまりは、損失が生じないようにY＝0としておく、つ

まりこのオークションは無視するというのがあなたの合理的選択になるのである。

　実際の売り手と買い手の価値の見積りは上のモデルよりもっと複雑だろう。しかし現実のオークションでも、落札できた買い手（たとえば入札に成功した開発業者）が、実際の商品（たとえば油田）の価値は落札額を大幅に下回ることを後に発見して愕然とすることが多い、といった傾向として、この「勝者の呪い」の論理が現われているらしい。

リチャード・セイラー『市場と感情の経済学』（ダイヤモンド社）

028 知らぬは亭主ばかりなり
common knowledge

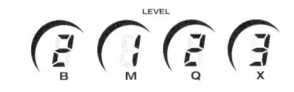

LEVEL　B2　M1　Q2　X3

　太郎と和雄と哲治の3人は仲良しだ。そして全員が、妻に不倫されているという共通点がある。しかし当人は妻の不倫を知らない。3人共通の親友で、すべてを知っている優作がこの状況に心を痛めて、4人で集まったときにこう言った。

　「君らの奥さんが不倫しているかどうかについて、僕の知る事実をこれから紙に書くよ。ただし、何も問題なければ白紙にしておくが」

　こうして優作は、3人のおでこに紙を貼った。3人はそれぞれ、次のように書かれた紙片をおでこに貼り付けられているのを互いに見た。

　　太郎のおでこ……「太郎の奥さんは不倫している」
　　哲治のおでこ……「哲治の奥さんは不倫している」
　　和雄のおでこ……「和雄の奥さんは不倫している」

　自分のおでこの紙は、本人には見えない。他の2人のおでこに書いてあることが見えるだけだ。優作は信頼が厚く、ウソをつかないことは3人にはわかっている。したがって、紙片を貼られたことにより、「知らぬは亭主ばかりなり」となった。3人は、他の2人の妻の不倫については知りながら、自分の妻に関しては知らないという状況に置かれたのだ。

　優作は言った。「さあ、自分の奥さんが不倫していると確信できたら、いますぐに奥さんに電話したほうがいいよ」

1 さて、3人の中で、妻に電話した者はいるだろうか。(3人の推理力は同程度だと全員が思っているものとします)

答え◎自分の妻に関することは当人にはわからないように紙が貼られているのだから、3人とも、自分の妻の不倫を確信できるはずがない。こうして、妻に電話した者はいない。

2 誰もじっと動かないので、やがて太郎が言った。
「自分の紙は見られないんだからわからないよ。もっとヒントをくれよ」
「フム、ヒントね……。よかろう」
そこで優作は次のヒントを出した。
『君たちの奥さんたちのうち、少なくとも1人は、不倫しているよ』
さて、このヒントが与えられた時点で、妻に電話した者はいるだろうか。

答え◎ヒントの情報内容「3人の妻のうち、少なくとも1人は不倫している」は、このヒントを出される前にすでに、3人とも知っている。たとえば太郎は、和雄と哲治のおでこを見た時点で、すでに2人の妻が不倫していることがわかっていた。こうして、優作のヒントは、3人が始めから知っていたことを控え目に繰り返したにすぎない。3人の知識内容に何も付け加えない、余計な発言だったように思われる。しかし実際には――

3 ヒントが与えられた時点で、3人とも、自分の妻に電話したのだった。なぜ、3人とも自分の妻の不倫がわかったのだろうか。優作のヒントは全く無価値なヒントのように思えるのに？

答え◎「3人の妻のうち、少なくとも1人は不倫している」をPと記そう。優作のヒントは、確かに、Pという各人の知識には何も付け加えてはいない。が、「Pを3人がどのように知っているか」についての各人の知識には重大な付け加えを行なったのである。つまり、「Pを全員が知っている」ということを、全員が知っている、ということを全員に知らしめたのである。正確に言うと、「……ということを全員が知っているということを……」が無限

に続く「コモン・ノレッジ」(共有知識) が成立したのである。

「Pを全員が知っている」ということが3人共通の了解になっているかどうかを、ヒント以前には、太郎は知らなかった。理由は次の通りだ。かりに太郎自身のおでこの紙に何も書いてないとしよう(仮定α)。当然、和雄も同じように自分のおでこの紙に何も書いてない場合(仮定β)を想定するだろう。そのとき、和雄の視点からすると、哲治は、何も書かれてない紙を太郎と和雄のおでこに見ることになる。すると、哲治もまた同様に自分のおでこの紙に何も書いてない場合(仮定γ)を想定できるだろうから、そのとき、哲治の視点からすると、「全員のおでこの紙が白紙である」状況が想定されたことになるだろう。そうすると、哲治は、Pと知ってはいない。

こう推論した太郎は、仮定αのもとでは、〈哲治はPを知っているとは限らない〉と和雄が考えるであろうことがわかっている。なぜなら、和雄は仮定βを採用しているかもしれず、そのとき、哲治の視点では仮定γの余地あり、とされるからである。こうして、和雄は、「Pを全員が知っている」とは考えないだろう。そう太郎は考える。こうして、「Pを全員が知っている」が全員共通の知識になっていないのである(この論理は3人について対称的なので、人間の名を任意に入れ替えても同じ。以下同様)。

ところが、ここで優作が、全員の前でヒントを口にし公的情報を与えたため、3人とも互いに、知識を共有したという了解が一挙に形成された。すると太郎は、仮定αが真だという前提のもとで、次のように推理できるようになるのである。

太郎の仮定α「私の紙は白紙である」
　　(太郎の推測) ここで、和雄が仮定βを前提するとしよう。
　　　　　　　(和雄の推測) 哲治は、仮定α、β、およびヒントより、仮定γを採用できず、「自分の妻が不倫している」ことを知るだろう。すぐ妻に電話するはずだ。
　　　　　　　　　　★ところが、哲治はすぐに奥さんに電話しようとしないな……。矛盾だ。
　　　　　この矛盾を導き出した前提である仮定α、

βのどちらかが間違っている。
仮定αが間違いであることはない。
仮定βが間違いなのだ。
こうして、和雄は、「自分の妻が不倫している」ことを知るだろう。すぐ妻に電話するはずだ。
★ところが、和雄はすぐに奥さんに電話しようとしないな……。矛盾だ。
この矛盾を導き出した前提である仮定αが間違っている！

　こうした推論により、太郎は、自分のおでこの紙が白紙でないことを知る。なぜこの推論が成り立つかというと、★の２つ、つまり他の２人がすぐに妻に電話しようとしないという事実を目撃して、仮定β、仮定γが他の２人によって採用され続けていることを知ったからである。
　結局、太郎は、他の２人が妻に電話しようとしないことを見きわめて、ある程度時間が経ったところで、「和雄は仮定βを疑いきれず、哲治は仮定γを疑いきれない。それは、仮定αが偽だからだ。そうか、おれの女房は不倫していたのか」と判断し、妻に電話をかける。太郎に当てはまることは他の２人にも当てはまるので、３人同時に、それぞれの妻に電話することになるのである。
　ただし実際には、この一連の推理を早く達成した順に電話するので、最初に電話した者以外にとっては★が成立しなくなる。すると推理は破綻するではないか、と思われるかもしれない。だが、他の２人がある程度の時間考え込んだということによって（すぐに電話しなかったということによって）、３人とも、それぞれの仮定α、β、γが偽だと悟ることができるだろう。
　このように、ある情報を個々人がバラバラに知っている状態と、同じ情報がコモン・ノレッジになっている状態とは、全然レベルが違っている。みんなが「そんなことわかってるよ」と思っている当り前のことを政府が改めて公開することは、無駄のように見えて、実は個々人の自覚を高める上できわめて重要なのである。

小島寛之『確率的発想法』（NHK出版）

029
盗撮ビデオ：ヤラセの見破りかた
peeping video: how to find fakes

LEVEL
B 1　M 3　Q 1　X 2

　盗撮ビデオが隆盛をきわめている。露天風呂から銭湯、脱衣所、更衣室に試着室、シャワー、トイレ、ラブホテル、駅や車内や路上のパンチラからキャンギャル目当てのモーターショーまで、手撮りやリモコン電波の映像が、美麗パッケージで流通している。その種類は何千の桁にとどまらない。闇物件のイメージが強かった頃は、被写体の顔にモザイクがかかっていたが、今では顔出し映像が多くなってきた。

　盗撮ビデオの大半は、じつはヤラセである。盗撮カメラ設置や潜入はリスクを伴うので、被写体にはモデルを使ったほうが長い目で見て安上がりというわけだ。ただし、映像をいくら注意深く見ても、本物盗撮かヤラセかは判別しがたい。盗撮ビデオを見慣れていない人に判別させると、的中率は約５割、つまり識別不能という実験結果が出ている。

　「これはヤラセだ」と見破るための確かな方法はあるのだろうか。ある。盗撮業界に問い合わせるなどという手ではない。そんなコネを使わなくても、ヤラセビデオを一挙識別できる方法が１つあるのだ。どういう方法だろうか。

答え◎「被写体の動作が不自然」「動作が画一的」「画質がよすぎる」「時々カメラ目線になっているようだ」「美形が揃いすぎている」……そういった判別法はあてにならない。その種の主観的な判別法に頼ったのでは、疑いが前提されてしまい、「全部ヤラセ」といった判決になりかねないのだ（003【係留ヒューリスティクス】、018【プラシーボ効果】参照）。ここでは、もっと確実な「ヤラセ摘発法」がほしい。

　盗撮場所の異なる作品をいくつか観てみよう。たとえば10社の作品を見比べると、そのうち５〜６社の作品にまたがって、同じ顔が登場してくることがある。そのような制作元の作品は、当然、モデルを使ったヤラセだと断定できる。別々の盗撮場所に、偶然にも同一人物がひっかかる、しかも何十人もについてそれが起こる確率はほぼゼロだからだ。逆に、盗撮モデルは同じ

仕事をあちこちで掛け持つのがふつうなので、重複出演なしの人物ばかりで構成された盗撮ビデオは、まず本物といえる。したがってこの方法は、相当多数の盗撮ビデオを検証した場合には、ヤラセ発見の必要十分条件になる。重複出演が判明したビデオはヤラセと断定できるだけでなく、重複出演が判明しなかったビデオは本物と断定してよいのだ。

　１つの作品だけをいくら凝視しても、本物とヤラセの見分けはつかない。個々の映像内部から映像外部にいったん出て、複数の作品を照合することが、ヤラセ看破の唯一の鍵である。この「人物照合法」によっていったんヤラセ作品をいくつか特定できた後は、芋蔓式の「類推法」も可能になる。すなわち、人物照合のできない顔モザイク付ビデオについても、設定やアングルの類似性から本物かヤラセかを類推できるようになるのである。

030
ランダム・ウォーク
random walk

LEVEL　B 3　M 1　Q 1　X 3

　前問では、ヤラセと本物の識別を行なうのに、複数の作品の照合による方法を使った。もちろん、始めからただ１つの映像だけを詳細に分析することによって、「被写体はヤラセで演じているのか、リアルに行動しているのか」をある程度識別できないこともないだろう。

　単純な例として、中心線から「ランダムに（デタラメに）」歩く人を考えよう。歩数が横軸に記され、左寄りが１単位上昇、右寄りが１単位下降で表わされる。単純化のため、直進のステップはないものとする。１歩ごとに45度上昇か下降となるわけだ。

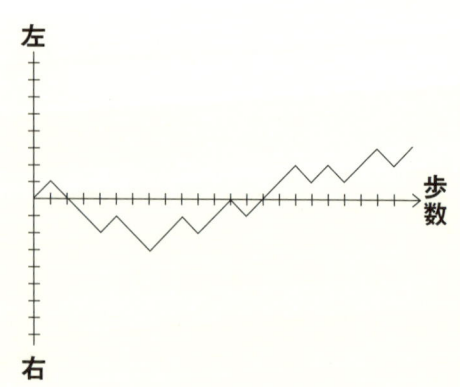

第4章◎知らぬが仏の巻

１ この歩行が、完全にランダムな「ランダム・ウォーク」であるための条件を、２つ挙げてください。

答え◎まず第一に、歩行は「不偏」である必要がある。つまり、右に進むのと左に進むのとが、五分五分の確率でなければならない。どちらかの方が起こりやすい、たとえば右足の力が強いので左に進む確率が70％というのでは、確率が偏っており、「不偏」でないので、ランダムとは言えない。

２ ランダムであるために満たされるべきもう１つの要因は何だろう。右進も左進も完全に50％ずつで「不偏」条件が満たされている歩き方なのに、まだランダムとは言えない、そういう歩き方とはどういう歩き方だろう。

答え◎たとえばこんな場合だ。(右、右、左、左、右、右、左、右、右……) (左、右、左、右、左、右、左……)
　全体としてたしかに右と左が偏りなく半々に生じているにしても、規則的であってはランダムとは言えない。いくら複雑な規則でもダメ。たとえば、「同じ方向がもし３回続いたら次は逆の方向に進め」「交互に逆の方向というジグザグ進行が４サイクル続いたら次は同方向に２回進んでジグザグを解消せよ」のような規則でも、それに従っているかぎり、ランダムではない。
　この条件を簡単に言うとこうなる。「各回が、過去の記憶に左右されてはならない」あるいは、「各回が独立していなければならない」。

３ **２**の「独立の条件」が満たされているのに、**１**の「不偏の条件」が満たされていないためにランダムとなっていない歩き方とは、どんな歩き方だろうか。

答え◎サイコロを投げて６が出たら右へ１歩、他の目が出たら左へ１歩。そういう歩き方は、独立条件を満たすが不偏条件を満たさない。サイコロの振りは記憶を持たず各回独立に生ずるが、確率$5/6$で左へ進むことになるので、明らかに偏っている。

4 不偏条件と独立条件という２つの条件を満たした現象は、ランダムと言ってよい。

さてあなたはいま、「歩行盗撮ビデオ」を観ている。ラリッて中枢神経の混乱した人が、果てしなく幅の広い道路をランダムに歩いていく様子を撮影した映像だ。歩行フェチのあなたは、この映像がヤラセでないかどうか疑っている。本物のランダム・ウォークなのか。被写体はことさらランダムに見えるように歩いているだけではあるまいか。

ランダム・ウォーカーを装う人が、ヤラセ性をうっかり暴露してしまうとしたら、不偏条件と独立条件のどちらかを破ってしまうからである。どちらが破られやすいだろうか。

答え◎人間は、「ランダムに」と言われると、不偏条件を守ろうと気にかけて、独立条件をうっかり忘れることが多いらしい。これは、ランダム・ウォークだけでなく、０と１を、あるいは０から９までの数字を「ランダムに」書き並べよと指示されたような場合にも当てはまる。０，１を「でたらめに」「無意識に」を心掛けて書いていて、ふと（……1,0,1,1,1,1,0,1,1,0,1,1,0,1,1,1,1,1,……）などと、たまたま１が多めに続いたのに気づくと、バランスをとるために次の部分においては０を多めにしがちだろう。そういう配慮は、不偏条件には合致しているが、「過去のあり方に左右されない」という独立条件には違反している。

不偏条件と独立条件は、互いに矛盾しているようにも感じられるため（長期的には矛盾しないのだが、短期的には一見矛盾する場合がしばしばある）、「ギャンブラーの誤謬」という勘違いが生まれやすい。偏りがないことがわかっているルーレットで、赤が続けて10回出たら（長くやっていればそういう列も必ず生ずる）、「11回も続けて赤という偏りは起こりにくいはずだ、だから次は間違いなく黒」といった賭けかたがよくなされるという。「ずいぶん外れたから、そろそろツキが回ってくる頃だ」という思考法も、そうしたバランス感覚による。だがそれは錯覚で、「10回続けて赤」という過去をルーレット盤も球も記憶していないので、独立条件により、次に赤の確率も黒の確率も同じ$1/2$にすぎない。

人間は、このように不偏条件に偏るあまり独立条件のほうをないがしろに

しやすいので、自然（ランダム）を装ったヤラセ映像を見破るさいは、「ことさらにバランス良くしてはいないか」に注目するとよいだろう。ランダムウォーカーの場合は、本当にランダムに歩いていると右か左に大幅に寄っていってしまう場合がほとんどであるのに（３千万歩以上の実験のうち70%において、中心線より片側での歩数：反対側での歩数が７：３以上偏ったという）、もしいつまでも中心線を挟んで左右均等に右往左往していたら、ヤラセ歩行である可能性が高い。

　盗撮ビデオでは一般に、動きや表情が唐突であったり姿勢・向きが偏ったりしている映像が比較的目立つのが本物、動作が均一でなめらかなのがヤラセ、という傾向が見てとれる。「人物照合法」ほど確実な識別法ではないが、「照合法」→「類推法」の反復適用によって目が肥えてくれば、この「不偏法」で識別できるようにもなるだろう。不偏法は、ガチンコ（真剣勝負）と八百長とが混在しているプロレスや格闘技の試合を見るときにも使えるはずである。

　　Ian Hacking, *An Introduction to Probability and Inductive Logic*, Cambridge U. P., 2001
　　W. Feller, *Introduction to Probability Theory and It's Applications*, Wiley, 1950

031 予言の自己実現
self-fulfilling prophecy

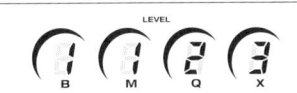

LEVEL　1 1 2 3
　　　　B M Q X

　「予言の自己実現」という現象がある。予言を受けた人が、予言が正しいと思い込むあまり、予言の内容を実現する方向へ動いてしまうという現象である。
　その種の自己実現を、「因果的な自己実現」と呼ぼう。予言が原因となり、結果として予言内容を確率的に引き起こすのである。これは社会学の主題だ。
　「論理的な自己実現」も考えられる。予言が「原因」となるのではなく、その内容が信じられさえすればその内容の実現が保証されるような予言である。予言が信じられたのに予言が外れた、という事態は自己矛盾なので起こりえない、そういう予言。これは論理学の主題だ。

> **❶** 予言の「因果的な自己実現」の例を挙げてください。
> **❷** 予言の「論理的な自己実現」の例を挙げてください。

答え◎❶「あなたの病気は簡単に治ります」という予言が患者を勇気づけて（暗示をかけて）治癒効果をもたらす、という018【プラシーボ効果】タイプが1つ挙げられる。

　同じタイプとして、「あなたは今夜、眠れないほど怖い思いをするでしょう」という予言。この予言を信じなければどうということもなく無事眠れるだろうが、もしあなたが予言を信じたらどうなるか。「なにか怖いことが起きるんだろう」とびくびくして、眠れぬ夜を過ごすことになりそうだ。

　その予言者は、強盗がやってくるとか心臓発作が起こるだろうとか具体的なことを暗示したのであって、自分の予言によってあなたを怖い思いに陥れようと狙ったわけではないかもしれない。そのように、予言そのものが予言内容を「図らずも」引き起こすタイプは、「あそこの銀行が危ない」という予想が公になったことによって預金者が引き出しに殺到し、本当にその銀行を潰してしまう場合など、他にも多くの種類があるだろう。

　そうした「図らずも」型自己実現だけでなく、意図的な自己実現もある。オウム真理教事件のように、予言内容（たとえばハルマゲドン）を引き起こそうとして予言者とその信徒が働きかけるような場合だ。中間の例としては、ノストラダムスの予言に含まれていたとされる「1999年の終末」が挙げられるだろう。1999年が近づくにつれ、現実に予言が当たるのではないかという危惧が一部で抱かれた。ノストラダムスの特定の解釈を信ずる人たちが、どうせもう世界の終わりだからと、自暴自棄になって破壊行動に出るのではないかという心配だ。現実には世界規模でそうした自己実現行為がなされることはなかった。人間は案外醒めた存在であることが示されたと言えようか。

❷ 017【自己充足的信念】を応用すれば、具体例を発見することができる。たとえばこういう予言である。

　「この予言をあなたは信じるだろう」

　これは、信じられさえすれば確実に当たる。因果的自己実現とは違って、信じられれば当たる確率は1である（逆に、信じられなければ当たる確率はゼロ）。

これではあまりに無内容で面白味がないという場合は、次のように具体的な内容とカップリングにすればよい。
　「明日東京に大地震が起こるという予言をあなたは信じるだろう」
　あなたがこの予言を信じればこの予言は当たったのだし、あなたがこの予言を信じなければこの予言は外れたことになる。前者の場合、あなたは「明日東京に大地震が起こる」と信じる。後者の場合、あなたは「明日東京に大地震が起こる」と信じない。よって、この予言は無内容ではない。

三浦俊彦『論理パラドクス』（二見書房）⇒ 008【外れない予言】～011【必ず正解の出る質問】

032 カサンドラのジレンマ
Cassandra's dilemma

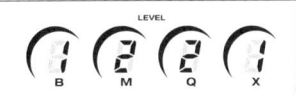

　前問の「予言の自己実現」をポジとすれば、そのネガにあたる正反対の現象「予言の自己否定」もしばしば見られる。「信じられなければ当たらない」「信じられれば当たる」という自己実現とは逆に、「信じられなければ当たる」「信じられれば当たらない」というパターンである。さて、どのような現象だろうか。
❶　因果的な例を挙げてください。
❷　論理的な例を挙げてください。

答え◎❶ この問題のタイトルである「カサンドラのジレンマ」を知っている人は、容易に例を挙げられるだろう。カサンドラとは、ギリシャ神話に出てくるトロイ王朝最後の王女。太陽神アポロンから予言力を与えられながらアポロンの求愛に応えなかったため、怒ったアポロンによって「誰にも予言を信じてもらえない」という呪いをかけられた。トロイの木馬によって自国が滅ぼされることを予見し警告したにもかかわらず聞き入れられず、トロイは滅び、ギリシャに囚われた。
　「カサンドラのジレンマ」とは、次の2つの間のジレンマである。どちらに転んでも虚しい。

★危機を予言・警告しているのに信じてもらえず警告が無駄になる。
★警告が聞き入れられて対策が講じられた場合は、危機が回避されるので、「なんだ、おまえの予言は外れたじゃないか」と嘘つき呼ばわりされる。

　これが「予言の自己実現」とは正反対のパターンであることは見てとれるだろう。「信じられなければ当たってしまい」「信じられれば外れてしまう」のだ。
　具体例としては、018【プラシーボ効果】とは逆に「あなたの病気は命取りになる」と脅して医師が禁煙や禁酒を勧める場合。患者が警告に従わなければ、病状が進んで死に至り医師は敗北感に打ちひしがれるし、警告が聞き入れられて全快すれば、患者から「なんだ大したことなかったじゃないか、誤診だったんだろう」と文句を言われる。
　2000年問題の例も記憶に新しい。政府や企業に対してコンピュータシステムの根本的なケアを提唱し実行させた技師たちが、2000年が過ぎてから「何も起こらなかったじゃないか。あんな大金を使わせて、どうしてくれる」と苦情を言われたという。アメリカでは、政府機関の大規模な措置を請け負ったコンサル会社が提訴されたこともあった。措置のおかげで危機が回避されたのかもしれないのに、現に危機が生じずに済むと、回避策は実は不必要だったのだろう、と解釈する余地が生じてしまうのだ。
　フロンガスや二酸化炭素の規制など環境問題がらみでは、環境保護策を提唱する側が常にカサンドラのジレンマに直面している。環境汚染や伝染病のように、繰り返し小刻みに生じうる出来事の場合には、カサンドラ側にも予言の有効性をアピールする手立てがあるだろう。対策の徹底度と危機の程度とが相関関係を示すことを統計的に実証してみせればよいからである。しかし、核戦争や大地震など、予言された危機が生ずるか生じないか1回限りの場合には、カサンドラの悲運はとりわけ甚(はなは)だしい。

　❷前問【予言の自己実現】❷を変形すれば発見は容易だろう。たとえばこういう予言である。
　「この予言をあなたは信じないだろう」
　これではあまりに無内容で面白味がないという場合は、次のように具体的な内容とカップリングにすればよい。

「明日東京に大地震が起こるという**この**予言をあなたは信じないだろう」

あなたがこの予言を信じなければこの予言は当たったのだし、あなたがこの予言を信じればこの予言は外れたことになる。前者の場合、あなたは「明日東京に大地震が起こる」と信じる。後者の場合、あなたは「明日東京に大地震が起こる」と信じない。よって、この予言は無内容ではない。

アラン・アトキソン『カサンドラのジレンマ』（ＰＨＰ研究所）

033 文明はなぜ永遠に続かないか
event horizon

LEVEL B3 M3 Q3 X1

「この宇宙の中で文明が永遠に続くことは絶対ありえない」ことを証明することができる。

テロや核戦争の危機とか、環境破壊とか、遺伝子工学に伴う生態系の変化とか、そういったさまざまな「文明滅亡の原因」を列挙して、人類は近々滅びるという結論を導き出すこともできよう。しかしそういった**因果的な**予測は、間違うことも多い。ここでは、絶対に間違えようのない「**論理的な**論証」によって、文明の有限性を証明してみよう。「論理的な」論証とは、「いつ頃どうやって滅亡するかという物理的作用の因果関係は特定できずとも、とにかく文明はこの宇宙にいずれ存在しなくなるという確固たる証拠を探せ」ということである。

むろん、この宇宙自体が永遠に続くものかどうかわかっていない。が、かりにこの宇宙が永遠に存続すると仮定しても、その中の文明は（地球文明だけでなくどの文明も）決して宇宙とともに永遠に続くことはありえないことが論理的に証明できるのだ。どのようにして？

ヒント：次の観測データをもとに、背理法を使います。
「現在の宇宙の年齢は、およそ137億年である」。

答え◎背理法だから、まず、求める結論の否定「文明が永遠に存続する」と仮定する。すると、文明のメンバー（私たち一人一人）は、文明の歴史を振り返ったとき、無限の過去を観測するはずだ。なぜなら、無限に続く歴史の

メンバーでありながら自分の過去に有限の歴史しか存在しない確率は、ゼロだからだ。ところが現在の宇宙の年齢137億年は、言うまでもなく、有限の時間である。矛盾する。よって、仮定が誤りだった。

「無限の過去を観測する」というのがいかがわしく感じられるならば、論証をこう言い換えてもよい。ランダムに選んだ文明のメンバーについて、その者より過去の年数をXとしたとき、任意の年数Aについて、X＞Aである確率は1である。なぜなら、X≦AであるXに比べて、X＞AであるXの数は無限に多いからだ。

したがってたとえば、X＞1000億年でなければならない。ところが現実にはX＝137億年＜1000億年であり、矛盾する。よって、「文明が永遠に存続する」という仮定が誤りだった。

「任意の年数Aについて、X＞Aである確率は1」というのがいかがわしく感ずるならば、さらにこう言い換えてもよい。宇宙の始まりから文明誕生までの年数をYとする。文明が永遠に続くならば、メンバーの圧倒的多数が、Yよりはるかに長い年数経過してから生まれるはずである。ということは、私たちは、宇宙の年齢と、文明の年齢（宇宙の年齢－Y）とがほぼ等しいことを観測するはずだ。

ところが実際には、文明の歴史は宇宙の歴史のほんの100万分の1以下にすぎない（宇宙物理学の知見によれば、宇宙史の始めの2/3ほどは微生物すら存在できる条件が整っていなかった）。これは矛盾。よって、仮定が誤りであることが証明された。

J. リチャード・ゴット『時間旅行者のための基礎知識』（草思社）

---

034 ケネディ暗殺のパズル
counterfactuals

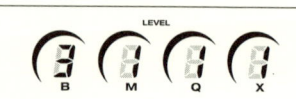

LEVEL B3 M1 Q1 X1

　ダラスでケネディ大統領を射殺した犯人としてリー・ハーベイ・オズワルドが逮捕された。しかし2日もたたないうちに、熱狂的ケネディ支持者により衆人環視の中で射殺されてしまった。こうして、ケネディ暗殺の経緯、背景は未だに闇の中である。

さて、ここで、次の3つの文を比べよう。

A．もしオズワルドがケネディを殺していないとすれば、誰か他の人がケネディを殺したのだ。
B．もしオズワルドがケネディを殺さなかったとすれば、ケネディは暗殺などされなかっただろう。
C．もしオズワルドがケネディを殺さなかったとしても、誰か他の人がケネディを暗殺していたに違いない。

この3つ文のうち、
1 反実仮想（事実に反したことの仮定）とそうでない仮定文（事実に即した仮定）とを区別してください。
2 オズワルドが真犯人であると認めている文はどれでしょうか。
3 真実度が高い順に並べてください。

答え◎1 BとCが反実仮想。ダラスでのあのケネディ暗殺が起こったという事実に反した仮定をしている。Aは反実仮想ではない。あの暗殺が起こった以上は、オズワルドが犯人かどうかに関わらず、犯人がいるに違いない、という事実だけを述べている。

2 現実にはオズワルドが真犯人であると前提しているのはB。その上で「そうでなかったら」と仮定している。Cも同じだが、Bとは違い、オズワルドが現実にはケネディを殺していない場合も、真となりうる。Aもその点は同じだが、現実にオズワルドが真犯人であると前提していない。真犯人がいるということだけを前提し、それが誰であるかについては保留している。

3 こうして、Aは、「ケネディは殺された」とだけ述べているので、必ず真である。オズワルドが現実にはケネディを殺しておらず、他の者が殺っていた場合は、Cは真でBは偽。Bが最も偽の可能性が高い。

035
最善の可能世界
the best of all possible worlds

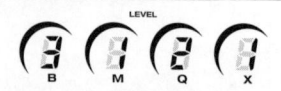

LEVEL B:3 M:1 Q:2 X:1

　アメリカの小説家ジェイムズ・ブランチ・キャベルの言葉に、こういうのがある。
　「私たちは可能な諸世界のうち最善の世界に住んでいる、と楽観論者は宣言する。悲観論者は、そのとおりではないかと心配する」
　さてここで、「可能な諸世界」を、現実世界と並んで実際に存在している具体的な別世界として考えているのは、楽観論者・悲観論者のどちらだろうか。逆に、「可能な諸世界」を、具体的別世界ではなく、現実世界の持つ抽象的な性質（可能性）として考えているのはどちらだろうか。

答え◎これは、身近な状況に置き換えて考え直すとわかりやすい（007【同型問題】参照）。たとえば、あなたが重い病気に侵され、両腕両脚が全く動かせない状態が一生続くことがわかったとしよう。ここで医師の言葉を2通り考えてみよう。

　A「今までこの同じ病気に罹（かか）った1万人以上の人は、1人残らず、両腕両脚だけでなく、両眼両耳も完全に働かなくなったのですよ。あなたの場合は両眼両耳は全く異常なし。奇跡です。これはこの病気の可能な状態のうち最善の状態です」

　B「この病気はあなたが初めての症例という珍しい病気です。このままいくと、両腕両脚だけでなく、両眼両耳も完全に働かなくなる可能性があります。現在の症状を持ちこたえたとすれば、最善の状態と言えるでしょう」

　Aの場合は、あなたは「ああよかった……」と楽観的になるだろう。Bの場合は、「これで最善かよ。これ以上よくはならないんだな……」と悲観的になるだろう。この違いは、現実の他者と比較するか、自分の可能性の中で比較するかの違いである。前者は空間的な差異を、後者は時間的な変化可能

性を問題にしているとも言える。
　こうして正解は、「可能な諸世界」を、現実世界と並ぶ具体的な別世界として考えているのは楽観論者、現実世界の持つ抽象的な可能性として考えているのが悲観論者だということになる。

　　📖 Cabell, James Branch. *The Silver Stallion: A Comedy of Redemption,* Ballantine Books,1979

第 5 章
下手な鉄砲も数撃ちゃ進化論の巻
自然選択、観測選択、取捨選択

036
人はなぜ犬をかわいがるのか？
man-dog paradox

LEVEL
B1 M2 Q3 X1

　日本国内に、1千万頭以上の犬が飼われている。その多くは、ペットとして飼主と親密な感情的絆を形成する。飼犬に死なれて悲嘆に暮れた経験を持つ人も多いはずだ。
　しかし、人間はなぜ犬をかわいがるのだろうか。犬に対して感情的な愛着を覚える人間の傾向は、どうも不可解である。とくに生物進化論からみると、人間に犬をかわいがる性質があるということは、謎なのである。動物のある種が別の種を愛して保護する理由は適者生存の適応進化で説明できないし、そもそも、犬好きの人間と犬嫌いの人間を比べた場合、犬好きのほうが不利な立場にあるように思われるのだ。
　犬は、口の中の病原菌や糞の中の寄生虫によって人間に害をもたらす。犬に咬まれた傷や感染症によって子どもが命を落とすことも少なくない。現代のような医療や薬のない原始社会では、犬を飼うことによる不

利益はもっと大きかったはずだ。犬は狩猟や警備の役に立っていたとも考えられるが、それなら牛や馬のように淡々と使役すればよいだけのこと。「かわいがる」必要などなかっただろう。不衛生な接触を伴いがちなかわいがり方は健康上のリスクが大きいのだから。しかも犬は食糧難のときに殺されて人間の食糧となってきたが、そういうときは、なまじかわいがってなどいない人間のほうが心理的抵抗なく処置でき、困難を乗り切りやすかっただろう。

　このように、犬を感情的に「かわいがる」性質は、個々の人間にとって、不利に働くのだ。人間といえども動物だから、ダーウィン進化論的な自然選択の例外ではない。生存に有利な性格を持った個体がより多くの子孫を残し、遺伝子を広め、似た性質を持つ人間を増やすはずである。つまり、犬を可愛いと思う「犬好き遺伝子」は淘汰され、「犬嫌い」あるいは「犬を冷徹に使役する性格」こそが有利な性質として拡がりやすかったはずなのだ。

　しかし現在、犬に感情的な愛着を示す人間は多い。犬をかわいがるのは現代に始まったことではなく、遠い祖先から受け継いだ人間性の一部である。生存上不利な性質をわざわざ備えた個人が増えてきたのだ。現代進化論の定説である適応進化説に反するようなこの性質を人間が持つようになったのはなぜだろうか。２通り考えてください。

答え◎★１：犬好きの性質は、単独で考えると、その性質を持つ個人にとって不利なので、たしかに適応進化の仕組みに反する。しかし犬好き性質を単独で考えず、もっと一般的な、個々の人間にとって有利な性質の副産物として考えてみよう。犬のような小さくて感情的な反応を示す動物に対し慈しみの気持ちを抱く個人は、人間の子どもをかわいがる性質も持っているだろう。そして子ども好きの人間は、自分の子孫を多く残す傾向があるだろう。子ども好きの人間は自分の子や血縁関係にある子どもをしっかり育て、自分に似た遺伝子が残る振舞いをしやすいからだ。それによって増える子孫の数が、犬をかわいがることによる不利益（幼児の病気感染その他の不利益）を上回り、結果として子ども好き≒犬好き人間が優勢になっていったのだろう。犬好き性質は、人間にとって有利な性質（人間の子どもをかわいがる性質）が

誤作動した副産物なのである。

　簡単に言ってしまえば、個人の生存に不利な〈犬好き遺伝子〉は、子孫の繁殖に有利な〈子ども好き遺伝子〉と同じものというわけだ。このように、同じ遺伝子が複数の性質を実現することを、生物学では「多面発現」と呼んでいる。

　★2：人間の側からだけ考えずに、犬の側からも考えてみよう。人間と犬が共同生活を始めたのがいつ頃なのかについては、十何万年前という説、たかだか1万2千年前という説などが並存し、はっきりわかっていない。いずれにせよ、一部の狼が人間に飼われはじめたきっかけは、「人に馴れやすく、親しみやすい」ということだったに違いない。つまり、たまたま「可愛かった」一部の狼が、子孫を人間社会の中に残していった。人間社会という環境に適応した狼が、犬なのだ。人間が狼をかわいがって保護することは、人間にとっては不利益だが、狼にとっては利益となる。その利益を得やすい性質（可愛さ）を偶然備えていた狼が、人間社会の近くで自然選択され、犬となり、人為的な交配によってますます可愛くなっていった。人間が犬を可愛いと思うのは、だから犬の側の進化の結果なのである。

　犬のもつ可愛さというのは、人間の子どもと外見上共通した多くの情緒的反応の能力だ。よって、人間側から見た1の答えと犬側から見た2の答えとは、同一の事実を別の側面から見たものである。人間が犬をかわいがるという一見不合理な現象は、進化論の定説であるダーウィン的適応進化によってしっかり説明できるのだ。

　（それにしても犬って本当に可愛いですね。犬を飼ったことのない私でも、映画『遊星からの物体X』冒頭いきなり、氷原を逃げまどう1匹の犬をヘリコプターが追跡狙撃するシーンでは、「なんなんだ、ぉおいっ、ちょっと待てぃ！」と身を乗り出しちまいましたよ。人間の子どもが殺されるシーンよりショック大だったりします。）

ジョン・オルコック『社会生物学の勝利』（新曜社）

037
ミズスマシはなぜ群れるのか？
gyrinus japonicus paradox

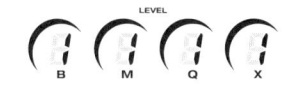

　ミズスマシを見たことがあるだろうか。池や水溜まりの水面を、素早く円を描いて動き回っている甲虫である。
　ミズスマシは、水面に落下してくる虫を食べており、群れをなしていることが多い。ところが、単独で動き回っているものもときどきいる。つまりミズスマシには、群れる性質を持つものと、孤独を好むものとがいるのである。
　さて、実験室での観察によると、魚などの捕食者は、孤独なミズスマシよりも、ミズスマシの群れに多く襲いかかる傾向が見られた。そして、群れが大きくなればなるほど、捕食者は頻繁にミズスマシを襲って食べた。この傾向は、自然界でもほぼ同様である。群れをなすと捕食者の注意を引き、攻撃を受けやすくなるのである。
　これは、群れをなすことはミズスマシの生存にとって不利であることを示しているのではなかろうか。落下する虫にありつける度合も、群れをなしていると奪い合いになるので、広い水面を独り占めできる単独生活のほうが有利に違いない。つまり、ミズスマシにとって、群れることで有利になることは1つもないようなのである。
　しかし、孤独なミズスマシより群れるミズスマシのほうが圧倒的に多い。このことは、適応進化の考えではどう説明したらよいだろう。環境に適応して生存に有利な個体が生き延び、その遺伝子が広まってゆくとしたら、とっくの昔に、孤独なミズスマシのほうが優勢となって、群れはあまり見られなくなっているはずなのだが……。

答え◎自然選択の進化論は確固たる定説なので、それに一見反するように見える現象（個体にとって不利な性質が広まっていった現象）も、実は自然選択説に反していないという説明を見つけるのが先決である。どうしてもそういう説明が見つからない場合、定説に矛盾する現象が発見されたことになり、進化論は1歩前進したことになる。

さて、ミズスマシの群れの場合はどうか。これはあいにく、自然選択説を覆す革命には至らない。群れることは、捕食者の攻撃を受けやすくするにもかかわらず、個々のミズスマシにとっては有利なのだ。なぜか？

ミズスマシの群れは、個体の数が多いので、1度攻撃されて生き延びる個体数も多い。他方、孤独なミズスマシは、攻撃されるとまず助からない。こうして、一種の相殺関係が成り立つ。群れは攻撃される回数は多いがそのつど生き延びる数も多い。孤独者は攻撃される回数は少ないがいったん攻撃されると致命的。

ここで、実際のこの関係が完全な相殺からズレていたらどうだろう。群れが攻撃される頻度が、群れの大きさに比例するほどには増えないとしたら。その場合は（そして実験室でこれは実証されたのだが）、群れの中で生き延びる個体のほうが、孤独な個体よりも、結果として数多いことになろう。つまり、群れる性質を持つミズスマシの遺伝子が、孤独を好む遺伝子よりたくさん残ってゆくのである。

孤独でいることは、攻撃をうける確率を減らすという意味では生存確率を増やすが、その増加分は、群れの中で何度もの攻撃を生き延びる幸運組に入ることによる生存確率の増加分より小さい、というわけだ。結果として、群れでいるほうが、1個体あたりの危険率は小さく、より環境に適応した生き方なのである。

ジョン・オルコック『社会生物学の勝利』(新曜社)

038
利他主義のパラドクス
paradox of altruism

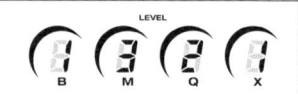

LEVEL **1 3 2 1**
B M Q X

人間はしばしば、利他的な行動をとる。自分の親族に対する献身的・自己犠牲的な行動は、自分とよく似た遺伝子を広める結果に繋がるので、そのような利他的行動をしがちな遺伝子が繁殖し、普遍的に定着するに至ったと考えられるだろう。しかし、人はしばしば、血縁関係の全くない者に対しても、自己犠牲の行動に出ることがある。自分の自由になる時間を他人のために費やすボランティア活動、自分の使える金を減らす

献金、他人のものを盗んだ引ったくりを追いかける、駅のホームから落ちた人を身の危険を顧みず助ける、等々。

なぜだろうか。自分を犠牲にしてまで他者のために尽くす行動は、当人の適応度を減らし、繁殖にとって利益にならないのだから、利他的性質など自然淘汰でとっくの昔に絶滅していてもよさそうなものだ。

1 進化論に矛盾するかにみえるこの利他主義が、現に広く存在しているのはなぜだろう？

答え◎利他主義がなぜ存在するかについては、定説はないらしい。したがって、いろいろな正解候補が考えられる。その前に、明らかに間違っているにもかかわらずよく語られる「答え」を１つ紹介しよう。

「利他的行動は、その個体自身にとっては有利ではないが、他の多くの個体が助けられるので、種の存続には役立っている。利他主義的な個体がいるほうが、いないよりも、種全体の利益になるのだ。よって、利他的な個体の存在は、その種が他の種との生存競争で勝ってゆく役に立ち、種の適応度を上げており、進化論の予測に合致しているのだ」

この「種の存続」を根拠とした議論は、そもそも本来のダーウィンの考えに反しているにもかかわらず、ひと昔前まで多くの生物学者が支持しており、現在でも、サイエンスライターの中にはこの前提に立って書いている人がたくさんいる。

私には生物学の専門的議論はできないが、この「種の存続」論が論理的におかしいことだけは指摘できる。生物進化は、たまたま個体を環境に適応させる遺伝子が自然選択されるダイナミズムに依存しているので、ある一定期間、種が保たれるというのは、偶然の結果のはずである。種を保持しようとする長期的視野に立った目的論的な力などは、進化論の中に想定されておらず、むしろ種は変化するべきものなのだ。生物進化は徹底して近視眼的であり、行き当たりばったりに、たまたま結果として遺伝子が広まるかどうかで流れが決まるのである。

遺伝子の担い手は個体でしかありえないので、有利な「種」ではなく、あくまで有利な「個体」の遺伝子が広まってゆく。したがって、いかに種にとって有利であっても、それを持つ個体の繁殖に不利な性質を発現させる遺伝

子は、速やかに消えるのが普通である。

　というわけで、「種のため」という非進化論的な答えは除去し、正解として有望な答えのほうを見よう。3つのカテゴリーに分類できるだろう。

　まず、**タイプ1**。「情けは人のためならず」的な答え。利他主義は、実際には当人にとって有利なのかもしれない。たとえば、「利他的な人だ」「思いやりのある人だ」という評判を得ておけば、人から頼りにされて見返りを期待した恩恵を被るなど、結局は得をすることになりがちだろう。原始時代の人間はこのようにして、ある程度利他的な性質を持つ個人が他者に好まれ、恩恵を得、繁殖にも有利となった可能性が高い。こうして、利他的に振舞う素質を持った個人は、利己的にしか振舞えない個人よりも、その利他的性質を広めやすく、現代人にも受け継がれてきたのだろう。

　タイプ2は、036【人はなぜ犬をかわいがるのか？】タイプの答え。利他的行動そのものは当人の遺伝子にとって不利ではあるが、別の有利な性質に伴う副産物なのだ、という見方だ。霊長類のような高等動物では、集団内の他者の意図や利害や感情を生き生きと実感し推測する能力を持っていると、他者を出し抜くことができ、繁殖戦略のうえで有利である。この読心能力は、他者を出し抜くという有利な現われかただけでなく、その裏面として、自分と他者を同一視し、共感し、他者の窮状を我がことのように悲しむという「無益な」想像力を伴ってきたのだろう。

　最後に**タイプ3**。利他的な性質というのは、本来人間は持ってなどいない、と否定することもできる。利他行動は単に偶然的な変動による性質で、ときたま現われる珍しい現象にすぎないかもしれない。たまたま利他的に見える行動がなされると、珍しいため話題になり、宣伝され、不釣合いなほどの注目を集める。だから実際以上に普遍的な行動であるかのように思われがちだが、個人単位の無益な利他的行動は、とてもではないが普遍的などではないのだろう。だから自然選択説との矛盾に首を傾げる必要などなかろう。

　以上、3つの考えは、どれも、道徳家の感情を逆撫でするものかもしれない。とくにタイプ1と2は、利他行為という最も崇高な営みが、しょせんは利己的な動機からきているという認識に近いので、人類学者から「進化生物学は、高貴な道徳的意図を単なる繁殖戦略にしてしまう」と嫌悪感が表明されたりしている。

2 さてしかし、繁殖戦略によって利他行動を説明することは、道徳への冒瀆なのだろうか。もし進化論が正しければ、道徳は滅びるのだろうか。

答え◎021【放蕩者のパラドクス】では、恥ずべき行為を恥ずべきだと意識することが、恥を恥でなくしてくれるかのようなメカニズムを見た。ここでは、利他行為という立派な行動の動機を意識すると、利他行為は実は利己主義の産物にすぎないとわかるのではないか、という問題が生じている。道徳の基盤が、不道徳であった……というわけだ。このことは、020【プラグマティズムのパラドクス】で見たのと同じく、道徳への尊厳の念を汚し、利他的行為への動機を損なうようにも感じられる。

　それは錯覚だ。利己的な繁殖戦略は、ランダムな進化の事実の問題である。それに対して、利他主義を推進する道徳は、進化の結果生じた文明という目的論的体系の内部のシステムである。利他心にとって、その原因が利己的かどうかということが無関係なのは、この本の内容にとって、それが紙にインクで印刷されているかモニター上の電子ドットで表わされているかが重要でないのと同じである。あとは、リチャード・ドーキンスの次の文章を引用しておけば十分であろう。

「私は、科学者としてダーウィン主義を支持すると同時に、こと政治の話になり、人間界の諸問題にどう対処すべきかということになれば、私は熱烈な反ダーウィン主義者である。……この地上で、唯一われわれだけが、利己的な自己複製子たちの専制支配に反逆できるのである」(『悪魔に仕える牧師』早川書房、垂水雄二訳、p.27)

039
窮鼠猫を咬む？
public health selection

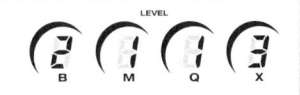

LEVEL **2 1 3**
B M Q X

　蚊の発生源をなくしてマラリアの伝染をくい止める。水を良くして、赤痢、コレラなどの伝播を断つ。健診を義務づけて結核の蔓延を防ぐ。インフルエンザの患者には咳止めを飲ませ、あるいは会社や学校を休ませて人に伝染さないようにする。コンドームを普及させてエイズなどの

性感染症を防ぐ。こうした「公衆衛生」を推し進めることで、伝染病の患者が減ることは間違いない。

さてもちろん、どんなに衛生的な社会でも、ある程度は伝染病患者は発生しつづける。病気発生の「数」ではなく「質」に対する公衆衛生の効果に注目してみよう。公衆衛生が進んだ社会は、そうでない社会に比べて、伝染病患者ひとりあたりの「病気の重さ」「致死率」は、高いだろうか、低いだろうか。

（この問題は、病理学の知識などなくても、進化論の原理を適用するだけで論理的に正解が出せます。頭を絞って考えてください）。

答え◎公衆衛生の遅れた社会Aと進んだ社会Bとで、それぞれ病原菌がどのように進化するかを考えてみよう。

Aでは、病原体は宿主（患者）の体を過酷に搾取してもかまわない。人から人へすぐに拡がってゆけるので、宿主をすぐ殺してしまっても病原体は自己の遺伝子を残せるからだ。しかしBでは、宿主を過酷に搾取する病原体はマイルドに搾取する病原体よりも繁殖上不利である。なぜなら、過酷に搾取する病原体は、それだけ早く宿主を殺してしまい、他の宿主に乗り移る暇がないからである。他の宿主に移る前に今の宿主を殺すと、その病原体は共倒れとなり、自らの遺伝子が失われるのだ。対して、マイルドに搾取する病原体は、宿主を長く生かしておくので、Bにおいてすら他の宿主に移れるチャンスが大きい。よって、その遺伝子は残りやすい。

こうして、公衆衛生が進んだ社会Bでは、社会Aにおけるよりも、同じ病気でも症状が軽いことが多いのである。これは、Bは治療技術が進んでいるからというだけでなく、病原体の遺伝子そのものが、マイルドな性質のものでないと生き延びにくい環境を、Bが作っているからだ。進化の視点で見ると、公衆衛生は、病気の予防という点だけでなく、罹った場合の恐ろしさをも、自然に低減させているのである。

本問は、病理学の知識がなくても論理だけで解答できるたぐいのパズルであることがおわかりいただけたろうか。ダーウィン進化論は、物理学や化学、他部門の生物学と違って、むしろ数学や論理学に似たところがある。地球以外のどんな惑星上でも、あるいはどんな奇妙な物理法則を持った他の宇宙で

も、生物進化の基本メカニズム（自然選択）は同じと考えられるのだ。量子力学や相対性理論の成り立たない宇宙においても、本問への正解は同じだろう。物理学よりも生物学のほうが普遍的であるとは、なにやら倒錯していて面白いではないか。

📖 ジョージ・ウィリアムズ『生物はなぜ進化するのか』（草思社）

040 自然主義の誤謬
naturalistic fallacy

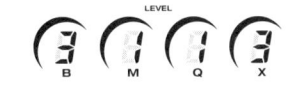

LEVEL B3 M1 Q1 X3

　素朴なフェミニストの代表的な議論に、次のようなものがある。
「男と女の差異は、子どもを産むか産まないかの違いと、せいぜい筋力の違いに過ぎない。言い立てられている他の多くの差異、男女の攻撃性や優しさにおける違いとか、数学的能力の違いとか、その他諸々の能力・傾向の差は、教育環境などの社会制度で作られた違いである。したがって、男には自然なレイプ衝動があるとか、女は家庭を守る本能があるとか決めつけて、性行動や役割の性差を容認すべきではない」
　また、同性愛者の権利主張の議論として、次のようなものがある。
「少なくとも男性同性愛には、ゲイ遺伝子というべき原因があることがわかってきた。Ｘ染色体の先端近く、Ｘｑ28と呼ばれる領域に、同性愛の兄弟が高確率で共有する5つのマーカーが発見されたのである。女性同性愛にも同様の遺伝子が関わっていることは推測できよう。つまり同性愛は、自ら選んだ性質ではなかったのだ。よって、同性愛は不道徳であるとか、堕落しているとか言って非難するのは間違っている」
　この2つの議論は、差別反対論によく見られるパターンを代表している。

1 この種の議論が前提している思想を簡潔に述べ（下の括弧を埋めてください）、

2 その思想をまず実践的に、そして理論的に批判してください。

　ある行動の善悪は、それが（　　）であるか（　　）でないかに

よって左右される。もし（　　　）であれば、その行動を非難してはいけない。

答え◎❶（　　　）に入る語は、次のような語の類語であれば何でもよい。
遺伝的、自然。

❷前問【利他主義のパラドクス】で見たように、自然である（自然淘汰の産物である）性質が、そのまま政治的・道徳的に望ましい性質であると想定する必要などない。これがポイント。

問題文のフェミニストの考えは、「男性のレイプは自然な衝動であるはずがないので、非難すべきである」、同性愛差別反対論は「同性愛は遺伝的なので、非難してはならない」といった含みを持つ。この立場は極めてまずい。第1に、実践面でまずい。非難の根拠を「自然であるか否か」に求めると、望ましからぬ自然な衝動を非難する足場が失われてしまう。たとえば、生理学や遺伝学的研究によって、男性のレイプ衝動は男性固有の遺伝子によって担われていることが確実になったとする。すると、「レイプは自然な衝動なので、非難できない」ということになりかねないだろう。また、男女の素質の違いが本物であることがわかったら、男女差別は許される、ということにもなりかねない。

同性愛については、ゲイ遺伝子の発見は誤りだったということもありうる。すると、同性愛者は権利を主張できなくなるのだろうか？　また、ゲイ遺伝子の発見が本当だとしても、ゲイ遺伝子を持たない人が自ら同性愛を選ぶ場合、非難してよいのか、ということになる。むしろ遺伝的に決定されない行動についてこそ、無害な行動であれば個人の自由を許すことが、人権思想の基本であるはずだろう。

自然であるかどうかを善悪の基準とする立場は、このように、大変もろい。なぜもろいかというと、事実と規範を混同しているからである。これが第2の理論的な欠陥だ。

「自然だから悪でない」「遺伝的だから善である」「白いものは美しい」「角張っているものは醜い」「聖書に従うことは善である」等々、客観的な性質（色、形、所属、由来など）によって、自動的に道徳的・美的な（価値的な）性質が決定される、という考え方は、「自然主義」と呼ばれる。自然主義は

誤謬である、とするのが定説だ。何をもって善とするか、美とするかという価値判断は、事実の判断とはレベルが異なる。事実と価値の両レベルを混同して同一視すると、価値を狭い定義の中に束縛することになり、恣意的なナチス型倫理がはびこりかねないだろう。

ジョン・オルコック『社会生物学の勝利』（新曜社）

041 人種の遺伝的素質
racialism?

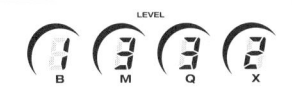

進化生物学で、「r戦略とK戦略」のスペクトルがしばしば語られる。魚のように、たくさん子どもを産んでおいて、ほとんどが死んでしまっても子孫が残るようにする確率的なr戦略と、哺乳動物のように、少なく産んで有限の資源を効率的に利用し、大切に育ててゆくK戦略という区分である（もちろん連続した相対的な区分）。人間は最もK戦略の進んだ動物だが、その人間の中でさらに区分すると、ネグロイド（黒人）はr戦略的、モンゴロイド（黄人）はK戦略的、コーカソイド（白人）は中間、と見なせるという。その根拠は、３大人種が進化した環境や、遺伝的な生理的特性によって理論化できるという。

この２つの繁殖戦略の程度に応じて、統計的に３大人種を次のように比較対照した認識が一部に流布している。（『人種 進化 行動』）から、一部を再構成してみよう（著者ラシュトン自身はコーカソイド）。

	ネグロイド	コーカソイド	モンゴロイド
二卵性双生児	多い	中間	少ない
脳重量	軽い	中間	重い
余剰ニューロン数	少ない	中間	多い
ＩＱ	低い	中間	高い
性器のサイズ	大きい	中間	小さい

運動機能発達	早い	中間	遅い
歯の発達	早い	中間	遅い
最初の性交年齢	早い	中間	遅い
婚前・婚外性交渉	多い	中間	少ない
非生殖的な性行動	少ない	中間	多い
攻撃性	高い	中間	低い
社交性	高い	中間	低い
自意識	低い	中間	高い
不安度	低い	中間	高い
家庭の安定性	低い	中間	高い
遵法度	低い	中間	高い
ホルモンレベル	高い	中間	低い
男女差	大きい	中間	小さい
体臭	強い	中間	弱い
社会組織内の利他性	低い	中間	高い

　メラニン色素の量を除くと、すべての要因が白人を中間としたこの序列になっており、ほとんど笑えてしまう。人種などという概念が本当に客観的意味を持つのかとか、統計は偏りのないサンプルで処理できているのかとか、ＩＱ等々の尺度自体が曖昧ではないかとか、いろいろな反論が考えられるだろう。しかし、ラシュトンの本にはその種のありうる反論への再反論も周到に展開されているので、かりに上の表が、それなりに科学的な調査結果であると同意しておくことにしよう。そのうえで、次の問題を考えてみたい。

１　上のような人種別特徴づけを「人種差別だ」と批判する人に対して、どう言い返せばよいだろうか。

答え◎主に３点の反批判が可能だろう。
　１つは、多かれ少なかれ地理的に隔絶した進化の結果、表現型の異なるグループに分化した主要３大人種の間に、本当に体系的な遺伝的差異が存在するとしたら、事実は事実として、隠蔽したり歪曲したりせずに記録するべし。

これが科学の倫理というものだろう。
　2つめは、この表のような人種間差異は、あくまで平均してのグループ間差異であって、個人的変異のほうが大きいことをちゃんと認識しておれば、個人レベルでの差別など起こるまい。逆に、黒人は点数が悪くても入試に合格させるなどの自動的な優遇措置の根拠をこの表は無力化し、個人ごとのフェアな評価に徹するべきだという倫理を普及させるのに役立つ。
　3つめは、前問【自然主義の誤謬】である。すなわち、差異の認識は優劣の評価に必ずしも直結しないということ。3大人種の対照表によると、一番身体能力が高いのが黒人で、一番低いのが黄人だ。逆に、知的能力は黄人が一番高くて、黒人が一番低いらしい。性格面では、黒人が一番エネルギッシュで、黄人は一番おだやかのようだ。これらは差異であって、優劣ではない。事実から価値をただちに導くことはできない。もしも事実の差を価値の差と混同して、「黒人が一番知的能力が低いとするのはけしからん。侮辱だ」と言ったとしたら、これは、人種を問わず知能の低い人への侮辱ではなかろうか。白人の中にも黒人の中にも黄人の中にも個人レベルでは知能の差異があることは厳然たる事実だが、だからといって知能の低い人は「劣っている」わけではない。知能の比較を黒人差別だと言い立てる人は、暗黙のうちに、知能の低い人々を差別しているのだ。同じことが、身体能力についても言える。運動神経の鈍い人が劣った人間だとはかぎらないのだから、身体能力の一番低い黄人が一番劣った人種だという証拠にはならない。

2　「しかし」と、再々反論する人もいるかもしれない。「現代社会では、運動神経はともかく、知的能力の優れている者が得をするシステムが出来ている。たとえ統計的平均であれ、黒人の知的レベルが低いという認識を広めることは、個人レベルにおいても、黒人への潜在的な偏見を植え付け、知的に優れた個々の黒人が持てるチャンスを減らすことになりはしないか」
　これはもっともな意見だ。上の表が、論理的にも意図的にも人種差別を含んでいないというのがかりに正しいとしても、政治的に利用されうることは確かだろう。この表は実は、政治目的に利用するための構造を巧みに（無意識のうちに）備えていると解釈できる。上の表が使われうる状況を想定しつつ、その「巧みな構造」を指摘してください。

答え◎人種の遺伝的差異を肯定的に研究している学者の大半は、白人である。とくに北アメリカの白人は、社会決定論や環境決定論に脅威を感じている者が多い。人種による学歴や経済的境遇の差が、遺伝的素質ではなく生育環境に由来するものであるなら、優遇措置（アファーマティブ・アクション）によって、黒人に人為的な下駄を履かせて応援し、白人に対するよりも入学や就職の基準を緩くし、白人と同等の社会的活躍ができるようになるまで優遇措置を維持するのが望ましいことになるだろう。

このような「逆差別」は、自由平等の理念に反すると感じている白人は多い。もしここで、人種による学歴等の差異は遺伝的素質によるものだ、という科学的な議論があるなら、これを有効に活用したいというのが白人の潜在的な願望となるだろう。

しかしいかに科学的なデータとはいえ、素質の人種差などというものを露骨に明言すると「差別者」の烙印を押される危険がある。ところが好都合なことに、黒人と白人以外にもう１つ黄人というものがあるので、この「白人よりも進化した」人種を表に書き加えることにより、白人は、黒人との差別を倫理的に無毒化できそうなのである。

案の定、📖の日本語訳の訳者あとがきにはこう書かれている（むろん執筆者は日本人）。

「本書をレイシズムの本だという誤解もあるだろうが、それは当たらない。ラシュトン教授は白人であるにもかかわらず、コーカソイドの知性が北部モンゴロイドより優れているとは言っていないことからわかるように、本書は白人の優越を主張するものではないからだ」

これはまんまと白人の（無意識的）戦略にはまった言説ではないだろうか。モンゴロイドからそのような支持を受けられるゆえにこそ、ラシュトン流人種論は白人にとって便利なツールになる。北アメリカでは、人口からしても黄人が白人を脅かす存在とは考えられていないので（科学研究職は人口比からみて不釣合いなほど黄人で占められているという事実があるらしにせよ）、黒人への納得ゆかない優遇措置に対抗するためなら、黄人を白人以上の位に配置することなど安い犠牲だ。アリバイとして黄人を用いることにより、白人は「白人至上主義だ」という非難を論理的に逃れつつ、黒人差別を固定することができるのである。

第5章◎下手な鉄砲も数撃ちゃ進化論の巻

　なお、📖は、モンゴロイドはコーカソイドより知能が高いとしつつ、ネイティブ・アメリカンについては、「白人よりやや知能が低い」としている。同じモンゴロイドの中でなぜ東アジア人とネイティブ・アメリカンの知能差が生じたかについてはそれなりの進化的根拠が提示されているが、いかにもとってつけた理屈であることは否めない。著者の（無意識的）戦略が、アメリカ大陸での有色人種と白人の差別化にあり、アメリカに縁の薄い東アジア人のデータを米大陸での差別の正当化に使っていることがここからも明白のように思われる。
　（なお、これは１つの解釈であって、このような政治的意図が社会生物学の本質として含まれているという意味ではない）。

　　　　　　　📖 フィリップ・ラシュトン『人種 進化 行動』（博品社）

042 ガラスの天井
glass ceiling

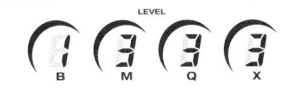

LEVEL　B1　M3　Q3　X3

　概して女よりも男のほうが高い給料をもらっている。なぜだろう。
　正確に言うと、これは必ずしも正しくないらしい。いくつかの先進国での調査によれば、全労働者の平均をとると、女性労働者の給料のほうが高かったという。高収入の職業は大半が男である反面、収入が最も低い「最底辺の」職業もほとんどが男だからである。
　その種の厳密な統計はさておいて、一定以上の所得水準に達した職業だけを考えよう。女より男の収入が多いことは、どの国でも厳然たる事実である。アメリカでは管理職の約４割を女性が占めているそうだが、その女性たちが見えない壁に阻まれてトップの座には届かない。そういう状況は「ガラスの天井」と呼ばれている。
　この格差は、男性社会による女性差別が続いていることの証拠だろうか？　この問題について、次のような説明が与えられた。
　「女性差別が原因ではない。女自らがこの格差を選んでいるのだ。たとえば、男女にそれぞれ、結婚相手として望ましい異性をいろいろなタイプから選ばせてみよう。身長、体型、性格、社会的地位、収入などに関

して、女への男の好みは千差万別だが、男への女の好みは、かなり一様だろう（たとえば身長の高いほうが人気があるなど）。とりわけ、仕事上の志向についてははっきりしている。キャリアを目指す女も、適当に働く女も、家事と子育てに専念したい女も、それぞれがそれぞれの男に好まれるだろう。しかしバリバリ働く男と、適当に働く男と、家事と子育てに専念したい男は、それぞれの女に好まれるというわけにはいかない。働きのいい男に人気が集中し、働かずに子どもと過ごしたがる男は不人気だ。ここに性淘汰が働いている。女はどんな生きかたをしても配偶者に恵まれるが、男は、金を稼がず家庭にいるという選択肢は許されにくい。その生きかたを選ぶと、配偶者を得られないのだ」

　確かに、異性に対する男女の好みの傾向差は、結婚相談所などのデータでも裏付けられている。男の寛容な好みの広さゆえに女には多様な生きかたが許され、女の偏った好みゆえに男の人生が制限されているというわけだ。その結果、男は競争し、バリバリ稼がねばならない。男女の収入格差は、女が差別されている証拠ではなく、女が男の生きかたに制約を課した結果なのだ。「ガラスの天井」にしても、見えない壁が制度的に実在するかのような比喩は誤解のもとで、単に女の自発的選択の結果にすぎまい、と。

　この「性淘汰論」は正しいだろうか。批判を試みてください。

答え◎男に対する女の現在の好みが、女の本性によるものなのか、社会的条件付けによるものなのかが論証されていない。「高収入の男」の人気が女の本性によるものなら、性淘汰論は正しいだろう。しかし、男女差別があるせいで女が出世できず、収入も頭打ちになって自立が困難という現状がある場合は、女に諦めが生まれ、「せめて良く働く男をつかまえて生活の安定を図る」という戦略を取ることが合理的になるだろう。つまり、「高収入男への偏った好み」は、それ自体、社会システムの産物だということになる。アンバランスな性淘汰による男女の収入格差は、まさに収入格差を温存する男女差別の自己拡大に他ならないかもしれないのだ。

　ただし現実を見ると、「女の諦めによって偏った好みが生ずる」という「社会決定論」は正しくなさそうだ。なぜなら、「高収入の男」「社会的地位

の高い男」を好む傾向は、職業的地位の低い女よりも、高い女のほうに著しいからである。「ガラスの天井」にぶつかるほどの女は高い地位と収入を得ていて、諦めなどとは無縁の女であるはずで、配偶者の選択は自由になされそうなものだが、実際はそういう女ほど、自分よりランクの高い男を結婚相手に選ぶ傾向があるのだ。これは、女による配偶者選択の性淘汰が、社会的な産物というより、かなり本能的な現象であることを示す証拠である。

📖 キングズレー・ブラウン『女より男の給料が高いわけ』（新潮社）

043 ヒュームの懐疑主義
Hume's skepticism about induction

B 3　M 3　Q 1　X 1

　デイヴィド・ヒュームによると、私たちは、「原因‐結果の関係」というものは知覚できない。私たちが現実に目にするのは、物事の変化だけである。ビリヤードのボールが、静止した別のボールにぶつかると、接触と同時に第１のボールは減速し、第２のボールは特定の方向に動き出す。そこに知覚されるのは、接触、同時性、そして恒常的な連動である。一定のタイプＡの変化が起こると、同じ条件下ではいつも、隣接した時空間でタイプＢの変化が起こる。そうした恒常的連接を、私たちは「原因と結果」と呼んでいるにすぎない。原因の力などというものはどこにも観察できず、したがってその存在を信ずる理由などないのだ。
　しかし、原因の存在は信じられないにしても、単なる連接の存在、つまりこれからもタイプＡの変化があればタイプＢの変化が続いて生じるだろう、ということは信じてよいのではないか。たとえば、いままでと同じく明日も、炎に指を突っ込めば火傷し、ドアを叩けば音がするだろう。挨拶をすれば、挨拶が返ってくるだろう。過去から未来を推測するこうした「帰納的推論」そのものは、「原因」を実体化しなくても行なうことができる。ヒュームといえども、帰納的推論が正当であることに異を唱えはするまい？
　ところがヒュームによれば、驚くべきことに、帰納的推論の正当な根拠など皆無なのである。規則的な連接が明日以降も続くと私たちが信ず

るべき理由は「まったく」ないのだ。

1 どうしてだろう？ 太陽が東から昇るという恒常的連接はこれまでずっと成り立っていたので、明日もこの規則にしたがって同じことが起こると帰納的・確率的に推測するのは当然だろう。明日も**本当に**太陽が東から昇るかどうかは別として、少なくともそう信じる「正当な理由」はあるはずだろう。そう信ずる理由が「まったく」ないというヒュームの極端な議論はいくらなんでも……。しかし意外なことに、ヒュームのこの懐疑論は正しい議論であると、大多数の哲学者により認められているのである。ヒュームの論拠は何だろうか？

答え◎「恒常的連接」が成り立っていると私たちが判断する唯一の根拠は、これまで「恒常的連接」が成り立ってきたから、未来にも成り立つだろう、ということである。つまり、〈未来は過去に似ている〉という性質をこの世界は過去ずっと持ってきたが、その性質を未来にもずっと持ちつづけるだろう、と推論しており、恒常的連接の成立を、恒常的連接によって証明しようとするものだ。「過去において〈未来が過去に似ていた〉」ゆえに、「未来においても〈未来は過去に似ている〉だろう」。これは循環論法である。未来が過去に似ているということを先取りしているからだ。したがって、論理的に妥当な推論ではない。私たちは今後も、未来が過去に似たものであり続けるだろうと（たとえばこれまで通り地面の上を沈むことなく無事歩けるだろうと）信ずる「理由」など何一つないのである。

2 しかし、私たちは現に、未来は過去に似ているだろうと信じるし、信じないでは生活が成り立たない。私たちのこの帰納的信念のあり方には何か根拠がなければおかしい。どう説明したものだろうか。

答え◎ヒュームの回答は、私たちはただ「習慣的に」あるいは「本能的に」帰納的推論を行なっているだけだ、というものである。未来が過去に似ていると信ずるように「私たちの心が出来ているだけ」なのである。ただそうなっているだけなので、理由などない（理由なき超合理的信念については019【無限後退】**2**参照）。帰納的推論を論理で正当化などできないが、帰納的推

論に従わざるをえないという心の事実を追認してゆくしかない、とヒュームは言うのである。

3 ヒュームのこの議論は、心の推論の論理的正当化という規範を、心の現実というただの事実に還元しており、その意味で「自然主義の誤謬」を犯していることになりはしないだろうか？ 040【自然主義の誤謬】から042【ガラスの天井】にいたる一連の進化論的知見と、ヒュームの懐疑論とは、矛盾するのだろうか、それとも相性がよいのだろうか。

答え◎きわめて相性がよい。
　私たちの体に染み込んだ習慣は、無目的な産物にすぎないというのがヒュームの立場である。昨日までうまくいった帰納的推論の本能的習慣が明日以降もうまくいくと考えるべき根拠はないぞという警告は、まさに、【自然主義の誤謬】〜【ガラスの天井】の倫理観に一致しているではないか。
　だからヒュームは、「帰納的推論に従う〈べきだ〉」などとは言わない。単に、「帰納的推論に従うのはやむをえまい」と言う。これは自然主義の誤謬ではなく、むしろ自然主義の誤謬への批判だ。伝統や慣習による規範（過去の自然淘汰によって生き残ってきたスタイル）にこれからも従いつづける「べき」理由などない、というヒュームの懐疑主義は、すぐれて非目的論的・進化論的な議論である。原始時代に有利だったレイピストは、近代社会になっても「男の甲斐性」の倫理に則って繁栄したが、明日の男女平等社会の適者にはなりそうにない。昨日まで有利だった本能的習慣が、明日からの淘汰圧を生き延びる役に立つかどうかについては、ヒュームとともに私たちを大いに疑うべきなのだ。

デイヴィッド・ヒューム『人間知性研究』（法政大学出版局）

044 還元不可能なネズミ獲り
irreducible mousetrap

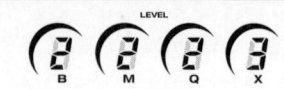

LEVEL B2 M2 Q2 X3

　生物の細胞を、人工物のような「還元不可能に複雑なシステム」に見立てる生物学者がいる。「還元不可能に複雑なシステム」とは、そのシステムを形作る多数のパーツのうち、どの1つが欠けてもシステム特有の機能が失われてしまうようなシステムのことである。

　たとえば、テレビやコンピュータなどの精密機器は、いくつかの重要な部品のどれがなくなっても、作動しなくなる。他で代用できない部品が適切な関係に置かれてこそ、その機能が実現される。

　もっと単純な機械である「ネズミ獲り」を考えよう。最も簡素なネズミ獲りは、次のパーツから成っている。

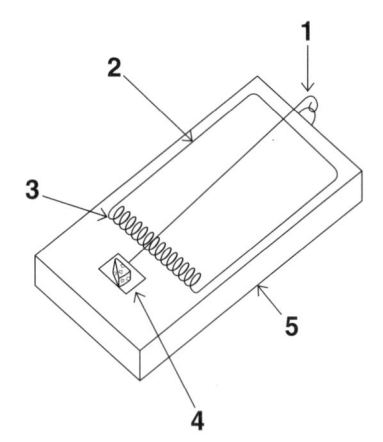

1. バー　**2.** ハンマー　**3.** スプリング　**4.** キャッチ
5. プラットフォーム

　キャッチ（引金）がないと、ネズミを感知できない。バーがないと、仕掛けを正しい瞬間に作動させるセットが整わない。ハンマーがないと、ネズミを押さえつける手段がなくなる。スプリングがないと、ハンマーとプラットフォームとでネズミを挟む力が供給できない。プラットフォームがないと、各パーツがバラバラになってしまう。等々。

こうしてネズミ獲りは、4個のパーツが揃っても役に立たず、ゼロ個と同じこと。5つすべてが正しく組み合わさって初めてネズミ獲りとしての機能を果たす。どの1つも減らせないという意味で「還元不可能」なのだ。ではなぜそういう精密な結合が成し遂げられたのか？　もちろん、ネズミを捕らえる意図をもった人間がデザインしたからである。意図（デザイン）なしで自然にこんなものができあがる確率はきわめて小さい。

　生物の細胞には、もっと精妙な「還元不可能な複雑さ」が見られるという。バクテリアの細胞は、繊毛、微小管、特定の酵素など多くのパーツが揃ってはじめて「移動」という機能を持つことができる。どれが欠けてもまったく移動できなくなってしまうのだ。

　進化論の基本である自然選択説によれば、生物の体は、環境に有利な者が生き残るという形で**徐々に**遺伝子が淘汰され変化してきたはずだ。しかし「還元不可能に複雑な」細胞は、進化途上の未完成体は機能を果たさないのだから、機能の善し悪しによる自然選択が起こらない。すると、一挙に、完成体に近い形で（関連するすべてのパーツが揃った形で）細胞は誕生しなければならなかったはずだ。しかしそんなことは、確率的にありえないだろう。

　こうして、生物の「還元不可能な複雑さ」は、自然選択説に対する強力な反論となる、と考える生物学者がいるのである。少なくとも生物の発祥を、分子間の自然選択によって説明することはできないと。自然選択が働かないのだから、何か他のメカニズム、そう、還元不可能なネズミ獲りを作ったのが人間の意図だったように、創造主（神）のデザインが生物を作ったに違いない、というわけだ。

　ネズミ獲りの比喩によって細胞の「意図的デザイン」を論証するこのデザイン説には、重大な欠点がある。何だろう。

答え◎たしかに、「ネズミを獲る」という機能に限定すれば、5つのパーツのうちどれが欠けても役に立たない。しかし、他の潜在的機能にも視野を広げたらどうだろう。たとえば、プラットフォームとスプリングとハンマーがあれば、他の2つがなくても、書類を束ねるバインダーとしての機能を果たす

だろう。そこからスプリングを除いて、プラットフォームとハンマーだけでも、キーホルダーとして使える。他にも、キャッチ＋バーはかき混ぜ棒として使えるし、バー1つだけでも、爪楊枝の役には立ちそうだ。このように、5個全部が揃わなくても、1個〜4個の組合せが果たす「何らかの機能」をいくらでも思いつくことができるだろう。

　同様に、有機分子は、細胞という完全な形をとる以前に、環境によって、ある機能が有利になりまた別の機能が有利になり、それらがふと組み合わさってより高次元の機能が編み出され……、という形で「徐々に」進化したことが考えられる。生物誕生後も、たとえばバクテリアにとって、「移動」という有利な機能のためには繊毛、微小管、特定の酵素などすべてが揃わねばならないにせよ、それ以前の段階では、個々のパーツが別の機能（代謝機能など）を果たしていたがゆえに自然選択で広まって、それらが組み合わさってふと新たな移動機能を果たすようになる、ということは十分考えられる。一挙に完成体として生じる必要などなかったのだ。

　特定の用途だけに囚われていると不思議に見える形質も、その中間段階の他の用途からの副産物かもしれないという広い視点を導入すると、不思議でも何でもなくなる。環境への適応に有利な諸々の機能が、環境の変化に伴って別の機能に転用される「人間万事塞翁馬」的現象は、進化論で「前適応」または「外適応」と呼ばれている。

　Kenneth R. Miller "Answering the Biochemical Biochemical Argument from Design" Neil A. Manson, ed., *God and Design: The Teleological Argument and Modern Science*, Routledge, 2003

045
ウォレスのパラドクス
Wallace's paradox

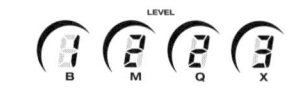

LEVEL　B 1　M 2　Q 2　X 3

　ダーウィンと同時期に進化論を創始したアルフレッド・ウォレスは、いくつかの点で、ダーウィンとは違う考え方をしていた。そのうちの1つが、人間の心の進化についての見解である。

　熱帯地方などで狩猟採集生活をしている「野蛮人」が、ヨーロッパ人と生物学的にほとんど変わらず、とくに脳の大きさ・性能が同等であり、

数学や科学を教えれば理解できるという事実に、ウォレスは感銘を受けた。この事実は、人間の脳が生活の必要とは無関係に発達してきたことを示す、と彼は考えた。自然環境への適応によって生物は必要最低限の能力を発達させるという「自然淘汰」では、野蛮人の不必要に高い知能は説明できない。結局のところ、創造主によるデザインを認めなければならないというのである。

ウォレスのこの考えは、現在でも、一部の科学者に引き継がれている。「野蛮人の脳」をはじめとする生物のさまざまな性質は、創造主の意図とは言わないまでも、複雑性を実現する「自己組織化の法則」によって生じたと唱える一群の人々がいるのである。

これは広い意味での「定向進化説」であり、ネオ・ダーウィン進化論の「ランダムな変異＋自然選択」とは矛盾する。定向進化のネオ・ウォレス主義に対する反論を考えてください。

答え◎ 1つは、前問【還元不可能なネズミ獲り】で見た「外適応」である。複雑な数学や哲学を理解できるほどの人間の脳は、一見、狩猟採集生活には必要ないように見えるが、言語によるコミュニケーションや家族生活、原始的政治システムには、すでに高度な精神能力が必要であり、それが特定の環境（たとえば19世紀ヨーロッパの科学界）では数学や哲学の実践となって発現するにすぎないのだろう。

ただし、人間の脳の発達そのものは、外適応では説明できない可能性もある。チンパンジーやゴリラなみの社会でなく、人間の社会のようなものを維持しうる大きな脳がなぜ進化できたのか、が謎だからである。他の臓器の10倍もの栄養とエネルギーを消費する人間の脳の進化のためには、栄養的非効率を償うよほどの利点が必要だ。しかし実際には、巨大な脳は生存競争に直接役立たないばかりか、出産時の母親・胎児双方の生命を危険にさらし、成長後も身体のバランスを悪くして怪我をしやすくする等々、不利益のほうが大きいくらいなのだ。

そこで第2の説明として、「自然選択」を「観測選択」で補うことが要請される。そもそも本問のような問題が考えられるためには、「自然選択の適応上の必要を超えた過剰な知能」が必要だ、ということに注目するのである。

宇宙のあちこちで生物圏が進化し、自然選択が展開しているかもしれない。そのすべてが（ネオ・ダーウィン主義が正しければ）、行き当たりばったりで方向性のない変化の系列にすぎない。たまたま結果として複雑な生物とくに知的生物が登場してきた生物圏においては、知的生物が自分の視点から振り返ってみれば、生物史が段階を踏んだいかにも知性へ向かうメカニズムに沿った進化だったかのように見えるのは当然である。知的観測者は、自分を含む生物圏をまず観測するが、それは、あらゆる生物圏の中でも、典型的でない見かけをした生物圏であらざるをえない。

　こうして、自然選択がいかにも定向メカニズムを持つように見える理由が、「観測選択」によって説明できる。地球の生物進化という観測選択されたサンプルを、他のすべての自然選択の起こり方へ敷衍（ふえん）するのは誤りである（012【日蝕のパズル】参照）。進化は知性に向かう傾向によって人間を生み出したのではなく、やはり低確率の偶然だったのだろう。大半の進化の事例においては、自然選択だけでは実現しがたい人間の脳のような器官は案の定生じてこない。私たちの進化は例外だったからこそ「観測」された。観測された例外的生物圏の内部だけで見れば、あたかも知的な脳の実現確率を高くする何らかの一般メカニズム（創造主の意図？　自己組織化？）があるかのように錯覚されてしまうのである。

　　　　　　　　　　　　　スティーヴン・ジェイ・グールド『パンダの親指』（ハヤカワ文庫）
　　　　　　　　　　　　　　　　ジョンジョー・マクファデン『量子進化』（共立出版）

046 クリックの「統計の誤謬」
Crick's statistic fallacy

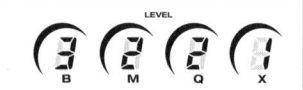

LEVEL　B3　M2　Q2　X1

　地球型惑星（H型惑星）に、生物が棲んでいる確率を推定しよう。
　私たちの知っている唯一のH型惑星である地球には、実際に生物が棲んでいる。これは立派なデータだ。
　さて、母集団からランダムに選ばれた1つのサンプルがたまたまある性質Aを満たしているというデータが得られれば、母集団の中には性質Aを満たすものの割合は高いと推論してよい。たとえば、工場の製品か

ら適当に1つピックアップしてみてたまたま不良品だったら、その工場の生産品のかなり多くが不良品だと結論してよい。よって、地球という1つのＨ型惑星サンプルが生物を含んでいるというデータは、「あらゆるＨ型惑星という母集団の中で、生物が棲む惑星の比率は高い」ことを示しているはずだ。

地球外生命探査計画を勇気づけるこの推論は、はたして正しいだろうか。

答え◎前問【ウォレスのパラドクス】と同じく、観測選択効果をうっかり見逃したところに生じた勘違いである。カール・セーガンら宇宙人探しに熱心な人々が陥っている誤謬としてフランシス・クリックが指摘したものだ。

「私たちの知っている唯一のＨ型惑星」に生物が棲んでいない確率は、もともとゼロでなければならない。そうでないと、「私たち」の惑星ではないからである。地球はランダムに選ばれたＨ型惑星ではなく、必ず、生物が棲んでいる惑星の中から選ばれざるをえないという、偏った選択によるサンプルなのである。Ｈ型惑星のほとんどに生物が存在するか存在しないかについては、地球をサンプルとしたデータからは何も推測できない。

Sagan, Carl, interview in *New Scientist,* January 17., 1980

047 コープの法則
Cope's law

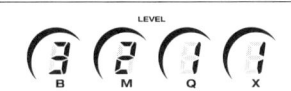

「生物は進化するにつれて大きくなる傾向がある」という「法則」がある。アメリカの古生物学者エドワード・コープ（1840〜1897）が提唱したものだ。

たしかに、ある系統の生物の化石を年代順に並べてみると、年代が新しくなるにつれて体が大きくなっていく傾向が見てとれる。珊瑚も、アンモナイトも、恐竜も、哺乳類も。生物界全体についても同じことが言える。小さなバクテリアから多細胞生物へ、魚、爬虫類、哺乳類へ……。生物界には「巨大化パワー」のようなものが働いているのだろうか？

> 045【ウォレスのパラドクス】で見たように、進化にはあらかじめ定まった方向性があるという「定向進化」は、現在の進化論では否定されている。見かけ上、目的や方向がありそうな変化現象も、実はランダムな変化の統計的結果にすぎない、と考えるのが定石だ。
> それでは、大きさの増大という生物進化の事実は、どうやってランダム性で説明するのだろうか。

答え◎030【ランダム・ウォーク】の図（p.80）を参照しながら考えよう。

ランダム・ウォーカーは、特定の生命体の子孫の系譜である。1世代ごとに、体が大きくなると上へ、小さくなると下へ1歩進む。1世代ごとの上下の確率は$1/2$。ただし生物として生きられるサイズの物理的限界があるので、天辺と底辺が「反射壁」として働く。つまり、ランダム・ウォーカーが天辺に達すると次の世代は下へ、底辺に達すると次の世代は上へ跳ね返って、ランダムウォークを続ける。

さて、最初の単細胞生物の1個体が分裂して、ランダムウォークで増えていくとする。すなわち、方向性なく進化する。最初の生命体は単純で体が小さいので（いきなり巨大な複雑な生物ができる確率は小さいので）、出発点となる中心線は下の方にある。始めより小さくなると、下限に突き当たるのですぐに上向きに跳ね返る。上方には可能性のスペースが広いので、障害物のないランダムウォークが進み、さらに上へ上へ進む系譜もある。むろん、下へ戻って底辺近辺をうろうろしている者たちもある。可能性の空間はやがて埋まってゆき、上限に達する者たちもいる。

これは生物界全体についても、特定の門や綱、科、目などについても言える。あるグループの生物は、大きくなってゆくように見えるが、それは、小さくなる余地よりも大きくなる余地のほうが大きかっただけのことだ。ランダムに進化したからこそ、大きくならざるをえないのである。「大きくなる」という言い方すら不正確で、現在、圧倒的大多数の生物は、35億年前のバクテリアと変わらぬ大きさである。また寄生虫の類のように、小いほうが有利なので小型化するタイプもある。つまり方向性は環境次第なのだ。

サイコロで始めに2が出れば、その後、目の数が大きくなる確率が高い。始めに5が出れば、その後、目の数が小さくなる確率が高い。それと同じだ。

第5章◎下手な鉄砲も数撃ちゃ進化論の巻

始めの生物は偶然にやっと生じた単純な生物だった。その後の生物の歴史が、「より大きくなる」方向に進むのは、当然なのだ。結果として大きくなっているにもかかわらず、ランダムなのである。

　　　　　　スティーヴン・ジェイ・グールド『フルハウス』（ハヤカワ文庫）

048 生命の窓
window for life

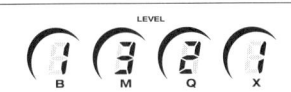

LEVEL B1 M3 Q2 X1

　生命活動の最古の痕跡は、38億年あまり前の岩石に遡る。つまり、ほぼ40億年前には、原始的な生命が地球上に存在したと推測される。地球誕生後5〜6億年ほど経って、隕石群の絶え間ない直撃という地獄の状況がおさまった直後に、生物が誕生したというわけだ。生物は、地球の環境が過酷でなくなるや否や、つまり誕生できる環境が整うやいなや、すぐに誕生したのだ。

　さて、コペルニクス的「平凡の原理」により、地球の生命が全宇宙の生命の中で例外的に早く生じたのでないとすれば、地球以外の地球型環境においても同様に、生物はすぐに誕生しやすいのだろう。よって、地球型環境が宇宙に豊富にあることを仮定すれば、生物は宇宙に豊富に誕生している。宇宙は生命に満ちているのだ。

　この論法は正しいだろうか。正しくないとしたら、どこが問題だろう。

答え◎「地球型環境が宇宙に豊富にあることを仮定すれば」という部分に問題を感じた人がいるかもしれないが、これは「仮定」なので（しかももっともらしい仮説である）、かりに真だと認めたうえでなお、この論証そのものに難点を見つけなければならない。

　無生物から生物が誕生するという現象は、たとえば現在の地球では起きないらしいことに注目しよう。つまり、「条件が整いさえすれば生物は速やかに生まれる」という場合の「条件」とは、現在の地球のような「生物が生きてゆくのに適した環境」とは違うのかもしれない。私たちがいま子宮の中では生活できないように、「誕生」と「生活」は全く別のことである。生物誕

生の条件というのは、初期の地球環境のような、現在とは似ても似つかぬ特殊な環境だったのだ。

すなわち、生物誕生のチャンスというのはごく狭い期間に限定されており、その「窓」を抜ける必要があったとしたらどうか。初期の窓抜けに有機分子が失敗すれば永久に生命は発生できないことになる。遅い時期での生命誕生というものはありえなかったのだ。すると、地球で速やかに生物が誕生したという事実は、生命誕生のための必要条件にすぎず、生命誕生の難易度については何も語らない。他の惑星上でも初期の窓抜けがクリアされているかどうかは全く不明のままだ。

こうして、地球の初期に生命が誕生したからといって、生命の誕生そのものが高確率で起こることの証拠にはならない。「速やかに」は、「簡単に」の同義語ではないのである。基本的にはこの問題は、045【ウォレスのパラドクス】と同じ「観測選択効果」の問題のバリエーションだった。

049 オルバースのパラドクス
Olbers' paradox

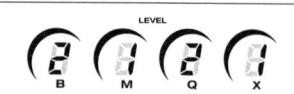

LEVEL B:2 M:1 Q:2 X:1

「夜空はどうして暗いのか？」という設問は、天文学や宇宙論の啓蒙書で最も多く取り上げられる定番中の定番だ。しかし、なぜ「夜空が暗いこと」が謎になるのだろうか。太陽が地球の反対側にあるのだから当り前ではないか。しかし、これは実際に謎なのだ。「夜空の暗さ」がなぜ謎なのかを見るために、次の２つの仮定を置こう。

仮定1 宇宙の大きさは無限である。
仮定2 宇宙空間は大局的に見てムラがない。

地球を中心に、半径が一定の値だけ長くなってゆく同心球を無数に描いて、球と球に挟まれた各層ごとに含まれる星の数を考えよう。半径 r の球の表面積は $4\pi r^2$ で、半径の２乗に比例するので、仮定２により、各層に含まれる星の数はだいたい距離の２乗に比例して多くなる。

逆に、星からの光エネルギーは、その星を中心とした半径 r の球の表面積に等しく分配されるため、$1/(4\pi r^2)$ になる。つまり、距離の2乗に反比例して弱くなる。
　そうすると、星の数の増加と光エネルギーの減少とが相殺しあって、地球から距離 x〜x＋a の（厚み a の）層にある星々からの光エネルギーの総計は、x がいくらであろうと一定である。その一定値は、ゼロより大きい（現に星が見えるのだから、ある距離 x からゼロ以上の光エネルギーが来ていることは間違いないので）。となると、地球に到達する夜空の星々の光エネルギーの合計は、ゼロ以上のある値を無限に足し合わせることによって求められる。それは当然、無限大である。
　こうして、宇宙が無限であるならば、地球に降り注ぐ星々の光は無限大であるはずで、空は常に一面ギラギラ真っ白に輝いていなければならない。夜空が暗いのは不思議なのである。
　1　さて、このパラドクスの解決法は何通りあるだろうか。思いつく限り列挙してみよう。

答え◎このパラドクスにはすでに17世紀はじめにヨハネス・ケプラーが気づいていて、「宇宙は無限ではない」と考えて解決していたらしい。仮定1の否定。これが1つの解決だ。ただし現代のビッグバン宇宙論では、宇宙の大きさが無限大である可能性は排除されていない。
　仮定2を否定する解決もあるだろうか？　この場合、地球の比較的近くに星があることは観察でわかっているので、地球からある程度遠くなると星が存在しなくなる、と仮定せねばならない。しかしこれは、地球は宇宙の中心ではないとする「コペルニクスの原理」に反するので、科学的な解決とは言えないだろう。
　現在では、ビッグバン理論の述べるとおり宇宙は膨張していることを前提として、次のような説明がされることが多い。ある遠さ以上の星々が地球から遠ざかる速度は光速を超えるので、それ以上遠いところからの光は届かない。ただしこの第3の説明は、宇宙の膨張という事実と、光の速度は一定である（無限大ではない）という事実を知らないと出てこない考えである。

2 それでは、「光の速度は一定の有限値である」ことだけ知っていて、宇宙が膨張していることを知らない場合、「夜空はなぜ暗いか」にどう答えられるだろう（仮定1、2は認めるものとします）。

答え◎宇宙の大きさが無限でも、光の速度が有限であることによって、地球へ到達する光エネルギーが有限であるモデルを作ることができる。光の速度が有限ということは、ある距離まで届くのに時間がかかるということだ。よって、宇宙の現年齢が有限であれば、全宇宙にある光エネルギーのうち、ほんの一部しかまだ地球に届いていないだろう。この第四の解決が、「夜空はどうして暗いか」に対する標準的な答えとされている。宇宙が膨張しているということよりも、宇宙がまだ若い（約137億歳）ということこそが、夜が暗い主な理由なのである。

3 さてそれでは、しつこく次のように訊ねさせてください。宇宙の大きさは無限、光の速度は有限で、ただし宇宙の現年齢が無限大であるとする。このとき、「夜空は暗い」ことをどのようにして説明できるだろうか（仮定1、2は認めるものとします）。

答え◎実は、**2**の答えとしては、「宇宙の現年齢が有限である」ことまでは必要なかった。それを特殊な例として含むような、もっと一般的な答えで十分なのだ。つまり、宇宙が生まれてから今まで無限の時間が経っているとしても、過去には宇宙は違う姿をしていた、たとえば星とか銀河のような光を発するものは一切存在していなかった、ということであればOKである。ある時期以前の宇宙には光がなかったため、それ以降の有限な光しか地球に届いていないのだ。

　これも、現代ビッグバン理論の標準的見解の1つの言い表わしかたである。

Reinhard Breuer, *The Anthropic Principle: Man as the Focal Point of Nature*, Birkhauser, 1991

050 ボルツマンの人間原理
Boltzmann's anthropic principle

　原子や分子が無秩序に動くパターンは、秩序だったパターンよりも、はるかに種類が多い。したがって、無秩序の尺度である「エントロピー」が増大してゆくのは、確率的にみて必然である。たとえば右の熱湯と左の冷水の間の仕切りを取り去って混ぜると、分子のエネルギーが全体に散らばり、温度差が均一化してぬるま湯になってしまう。このエントロピー増大の理由も、分子運動が左右で分かれている格差状態よりも、温度勾配のない無秩序状態の確率が高いからに他ならない。

　熱力学の第2法則（エントロピー増大）に対するこのルートヴィヒ・ボルツマンの説明は、熱力学を統計力学に還元した説明であり、必然に見える法則を偶然の積み重なりとして解釈した画期的な考えである。

　しかし、現実の宇宙について、次のような問いが生ずるだろう。

　「この宇宙は、生物が存在できるような温度勾配に満ちており、きわめてエントロピーが低い。恒星の中心のような高温状態と、星間空間のような低温状態の格差は大変なものだ。宇宙はなぜこのような低エントロピー状態にあるのか？」

　むろん、初期の宇宙がとてつもない低エントロピー状態から出発すれば、エントロピーが増大しつつあるにしても今現在まだ相当の低エントロピー状態にとどまっていることは可能である。しかし、初期の超低エントロピーという仮説はそれ自体説明を要求する不思議現象なので、他の仮説がまずは求められるべきだろう。ボルツマンの説明は次のようなものだった。

　「宇宙全体としては高エントロピーの無秩序状態にあるに違いない。ところが、宇宙が十分大きければ、その中には、偶然の揺らぎによってたまたまエントロピーが低くなっている部分もある。私たちが存在しているのはそのような、低確率ではあるがどこかには生じているはずの、低エントロピー領域であるにすぎない」

　ボルツマンのこの説明に対する批判を述べてください。

答え◎ボルツマンの説明は、「私たちは知的生命の存在を許す例外的な領域に住んでいなければならない」という「人間原理」の先駆である。「自分は特殊である」がゆえの「観測選択効果」を忘れて、身の回りの様子だけから環境の一般的なあり方を安易に判断することを戒める方法論である。「人間原理」という名称が宇宙物理学で使われるより90年も前にこのような洞察がなされていたのは面白い。

さてしかし、同じく人間原理によって、ボルツマンの説明に反論できる。もしボルツマンの言うとおりすべて偶然のゆらぎの産物だとすれば、任意の低エントロピー領域は、ごく狭いものである確率が高いはずだ。大規模な低エントロピー状態よりも、小規模な低エントロピー状態のほうが生じやすいはずだから。そして、人間のような知的生命が実現する条件としては、「たった1個の銀河」で十分だろう。ところが現実の宇宙を見ると、1千億個以上の銀河が観測され、低エントロピー状態が宇宙の地平線まで広がっている。人間原理からすればこれは大いなる無駄だろう。かくも不必要なほど莫大な低エントロピーがあえて生じているということは、ボルツマンの偶然論が間違っており、何らかの必然的な法則が働いている証拠に違いない。

ただし、この反論に対しては、再反論が考えられるだろう。生物進化の難しさを考慮に入れると、小規模な低エントロピー領域で知的生命が進化する確率は極小かもしれないのだ。とくに、時間的に何十億年にわたり低エントロピーで安定していて初めて知的生命まで進化できるというほどに生物進化がデリケートなものだとすると、無数の銀河が何千億光年にもわたって展開する巨大な高秩序が与えられて初めて、たった1つの惑星上に知性が宿りうるということかもしれない。

このように、人間原理（観測選択効果）というのは、どこまで細かく適用するかによって結論が正反対になることがある。生物進化論まで考慮に入れると、一見贅沢すぎる大規模な低エントロピー状態こそ私たちの誕生には必要ということになり、ボルツマンの人間原理に対する人間原理的反論に対する人間原理的再反論が可能になるのだ。

Nick Bostrom, *Anthropic Bias: Observation Selection Effects in Science and Philosophy*, Routledge, 2002

051 ファイン・チューニング
fine-tuning

LEVEL B:3 M:3 Q:3 X:1

　前問【ボルツマンの人間原理】は、「弱い人間原理」と呼ばれる考えの一種である。1つの宇宙の中で、知的生物が実現できる例外的な時空領域に私たち自身は位置していなければならない、ということから諸々の洞察を得る方法論だ。

　そこからさらに、そもそも**この宇宙全体**が、その中の「ある時空領域で知的生物を生み出す」ことができる按配になっているのはなぜか、という疑問が生ずる。たとえば、なぜそもそも原子や分子のようなものが存在できるのか。原子や分子の安定のためには、重力、電磁気力、核力、光速度、電子の質量、プランク定数などなど、二十余りもの「基本定数」がちょうどよい具合に設定されていなければならない。そのうちの1つでも値がわずかにズレようものなら、知的生物など生じようがなかっただろう。これは「ファイン・チューニング（微調整）」と呼ばれ、そんな確率の低い諸定数の組合せが運良く実現しているのはなぜか、ということに物理学者は頭を悩ませてきた。

　この謎に対して、こう答えられることがある。「現に私たちのような知的生命が生じているのだから、原子や分子や細胞の存在を可能にするような諸定数のファイン・チューニングが成り立つのは必然的である」。

1　この説明は、このままの形だと、「知的生命は必然的に生じるはずだった」と言っているに等しく、結果が原因を決める倒錯的な目的論に堕してしまう。この説明をちゃんとした科学的説明に仕上げるためには、あとどのような条件が必要だろうか。（ヒント：【ボルツマンの人間原理】をそのまま拡張してみてください）

答え◎ボルツマンの人間原理は、大半の高エントロピー領域の中に、ローカルな低エントロピー領域が点在しているイメージだった。本問では、「この領域」ではなく「宇宙全体」の性質が問われている。知的生物の生存を許す諸定数を宇宙そのものが有している不思議を説明するのだから、イメージを

一段階拡大すればよかろう。ファインチューニングされたこの宇宙全体を、「多くの宇宙の集まり」の中の一員と見なすのである。

　宇宙の一つ一つは諸定数がランダムに決まっているだけである。しかし知的生命が住む例外的な宇宙は、ファインチューニングされているかのような外見をしていなければならない。どの宇宙も、特にチューニングなどされないランダムな物理法則を各々持つ宇宙なのだが、「観測選択効果」により、私たちは結果としてファインな宇宙に自分がいることを発見するのだ。この説明は、弱い人間原理の発想法を宇宙全体に拡張しているので、「強い人間原理」と呼ばれる。

2　このように、物理定数や物理法則の異なる無数の宇宙を想定することで、現実のこの宇宙の不思議を解き明かすことができた。しかしその推理は正しいのだろうか。

　正しくない、と考える哲学者もいる。彼らの言い分は次のようなものだ。

　「あなたが闇夜の草原を歩いていたら隕石が落ちてきて頭にぶつかった。あなたは隕石に当たる例外的な場所にたまたまいたのだ。この確率の低い出来事を説明するために、あなた以外に無数の人間が周りを歩いていたと考えよう。無数の人間がひしめいていれば、〈誰か〉が隕石に当たる確率はほぼ1になるかもしれない。だからといって〈あなた〉に隕石が当たる確率はちっとも増えはしない。同様に、無数の宇宙が実在していれば、たしかに〈ある宇宙〉がファインチューニングされる確率は1に近くなるだろう。だからといって、〈この宇宙〉がファインチューニングされる確率は増えはしない。よって、多宇宙を持ち出しても、ただ1つのこの現実の宇宙のファインチューニングを説明したことにはならない」。

　この反論を批判してください。

答え◎隕石のアナロジーは不適切である。隕石がどこに落ちるかとは独立に、誰があなたであるかは決まっていた。よって、あなたの身元と隕石の落下地点とが一致する確率は、人間の数が何人だろうが、極小である。しかし、ファインチューニングされた宇宙が生ずるかどうかと独立に、何があなたであるかが決まっていたわけではない。あなたは、生まれてみてから、実際に誰

であるかが決まる。したがって、ファインチューニングされた宇宙がゼロ個でない限り、あなたがいる宇宙は必然的に、ファインチューニングされた宇宙でしかありえない。

　逆に考えてもいい。宇宙がただ1つしかなければ、「存在する宇宙」として〈この宇宙〉を定義できる。その場合はたしかに、〈この宇宙〉がファインチューニングされている確率（＝あなたが生まれてきた確率）は極小だ。一方、無数の宇宙が存在する場合は、「存在する宇宙」として〈この宇宙〉を定義することはできない。どの宇宙も存在するからだ。したがってあなたは、どの宇宙が〈この宇宙〉なのかを、「私が生まれた宇宙」と定義することしかできない。

　「私が生まれた宇宙」は観測選択効果により必ずファインチューニングされた宇宙だ。よって、〈この宇宙〉がファインチューニングされている確率は1なのである。

　　Neil A. Manson & M. Thrush, "Fine-Tuning, Multiple Universes, and the 'This Universe' Objection"
　　　　　　　　　　　　　　　　　　　　　Pacific Philosophical Quarterly 84(1), 2003

　　三浦俊彦「観測選択効果と多宇宙説——伊藤邦武『偶然の宇宙』（岩波書店、2002年）について」
　　　　　　　　　　　　　　　　　　　　　　　　『科学哲学』36巻1号、2003

052 アンナ・カレーニナ式エントロピー
Anna Karenina Entropy

LEVEL　B1　M2　Q2　X1

　『アンナ・カレーニナ』の冒頭は有名ですね。「幸福な家庭はすべて似かよったものであるが、不幸な家庭はみなそれぞれに不幸である」。

　ここからヒントを得たのかどうかわからないが、モスクワで次のようなジョークが流行ったことがあるという。

　「この世に貧困や悲惨が溢れているのは、『人間原理』のせいである。不幸は幸福よりもバラエティに富んでおり、実現するチャンスがそれだけ多い。つまり不幸な知的生物が多い状態のほうが確率が高い。『人間原理』は、自然法則によって人間のような知的観測者が生まれうることだけを要求し、それら観測者が幸福になることまで要求しないので、確

率の低い『万人幸福な秩序』が成り立たないのは当然である」。

　無秩序状態として認識される事象のほうが、秩序高い状態として認識される事象よりも多いというのは、050【ボルツマンの人間原理】で見たように、「エントロピーの法則」または「熱力学第2法則」として知られる統計的真理である。世界からいつまでも不幸や悲惨が絶えないのは、エントロピーのせいだというわけである。

　エントロピーによるこの「不幸の説明」を、批判してみてください。

答え◎3つほど批判が可能である。

　第1に、無秩序と不幸、秩序と幸福が対応するというのは自明ではない。きわめて整然たる規律を持った軍隊や、高秩序の体系を持った差別主義の宣伝などによって、膨大な不幸が生み出されてきたことは歴史が教えるとおり。そうした余計な秩序に毒されていない牧歌的な共同体にこそ真の幸福が実現されやすいかもしれない。

　第2に、「種類の多さ」と「数の多さ」は比例しない。かりに、幸福というものが高秩序を必要としているとしても、その実現される件数や範囲は、無秩序な不幸の件数や範囲より小規模とはかぎらないだろう。宇宙全体でみればエントロピーは増大し、無秩序化せざるをえないかもしれないが、局所的な低エントロピー地域である地球上でも、宇宙全体と同質の統計的傾向が成立しなければならない理由はない。むしろ、生命や文明が成立しているということは、高秩序が広範囲に維持され続けることを要求している。なまじ小規模な秩序はすぐ壊れやすいからである。

　第3に、「アンナ・カレーニナ風エントロピー」のようなジョークが語られるためには、ある程度の精神的余裕が必要である。自己反省の余裕のない惨めな環境においては、そもそもこうしたジョークは思いつかれまい。この自己反省は、幸福についての省察である。幸福への目的論的意識が灯っているところには、幸福が増殖しそうであることは容易に推測できる。なぜなら、不幸な人間は周囲をも不幸に巻き込む確率が高いことを考えると、自己の幸福を成立させるためには、周囲が不幸であるより幸福であるほうが有利だと認識されるだろうから（038【利他主義のパラドクス】参照）。こうして、幸福論は、比較的幸福な環境を自己選択する。そして局所的な幸福は、ある程

度広域的な幸福の浸透を要件とするだろう。したがって「アンナ・カレーニナ風エントロピー」のジョークは、自らの主張内容を裏切るような環境に生じてくる可能性が高いのである。

　　　　スティーヴン・ワインバーグ『究極理論への夢』(ダイヤモンド社)

第 6 章

急がば確率の巻
偶然と必然と愕然と

053
ラプラスの悪魔
Laplace's demon

LEVEL B:3 M:1 Q:3 X:2

　ピエール・シモン・ラプラス（1749〜1827）は、天文現象を正確に予言できるニュートン力学の大成功に感銘を受け、自らもニュートン力学の応用に貢献し、世界は決定論的だと考えた。すなわち、宇宙のすべての粒子の位置と速度が定まっている以上、ニュートンの力学法則によって、未来のいかなる時点のあり方も一通りに決定しているはずだと。したがって、ある時点での宇宙の有様を完全に知っている魔物がいれば、その魔物の目からは、未来のすべての状態がお見通しなのだ（過去についても同様）。人間の知識は限られているが、完全な視野を持つ魔物の観点からすれば、宇宙は未来永劫、特定の一通りの推移として決定しているのである。
　さて、ラプラスは、確率の哲学的考察を集大成した著作の中で、次の問題を提示している。

問：このコインは、密度の分布がかなり偏っているため、表の出やすさと裏の出やすさとが異なることがわかっている。ただし、コインを見ただけでは表裏どちらが出やすいのかわからない。さて、いま投げたとき、表が出る確率 p はいくらだろうか。

答A：$p = 1/2$。**理由**；表が出やすいか裏が出やすいかどちらかだとはいえ、どちらかわからないのだから、表の出る確率は $1/2$ と判断するしかない。
答B：$0 \leq p \leq 1$ かつ $p \neq 1/2$。**理由**；偏りがあることがわかっているのだから、表の出る確率は $1/2$ ではありえない。

ラプラス自身の答えは、AとBのどちらだっただろうか？ ラプラスが決定論者であったことをふまえて、理由もお考えください。

答え◎ラプラスは、はっきりと答えを出している。彼の答えは、ためらいの余地なく、「A」であった。なぜだろう？

全知の「ラプラスの悪魔」からすれば、客観的な世界のあり方は、始めから決まっている。問題のコインも、特定の一投げで表が出るか裏が出るか、客観的に決定している。確率が客観的なものならば、表が出る確率は1か0かどちらかしかない。しかしそうすると、「確率」という概念は不要となり、意味を失う。したがって、あえて「確率は？」と問うことが有意義であるべきならば、確率は客観的世界に関する概念ではなく、人間の信念に関する概念として解釈されねばならない。

私たちは、コインの偏り方について、表有利なのか裏有利なのか手掛りが何もない以上、平等な態度を取らざるをえない。無知状態のもとでは表の確率は $1/2$。そう表現する以外にない。

ラプラスのこの立場は、確率のさまざまな解釈の中で、「主観的確率」学派の1つとして位置づけられるだろう。決定論的世界観のもとでは、確率は必ずや、主観的な数値、つまり人間の確信の度合として解釈されるほかないのである。

20世紀に入ると、ニュートン力学に代わって量子力学が発展し、世界は非決定論的だという見方が主流となった。非決定論的世界観では、物理的に偶然が働くことになるので、０より大きく１より小さいさまざまな確率が、人間の心とは関係なく客観的にも成立する。ラプラスの悪魔の住めない非決定論的世界では、こうして主観的確率と客観的確率とが並存しうるのであり、答Ａも答Ｂもそれぞれの解釈において正しくなるのである。

ピエール・シモン・ラプラス『確率の哲学的試論』（岩波文庫）
Donald Gillies, *Philosophical Theories of Probability*, Routledge ,2000

054 残りものには福がある？
order of choice

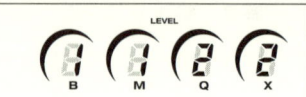

LEVEL　B1　M1　Q2　X2

「ヒューリスティクス３部作」「フレーミング３部作」の要領で。

次の質問に大多数の人がどう答えるか、そしてなぜそう答えるかを推測してください。

質問：４枚のクジを４人が１枚ずつ引く。当たりは１枚だけ。当たれば100万円もらえる。外れれば10万円払わねばならない。あなたは４人の中の１人だが、何番目に引きたいか。

答え◎この質問に対する論理的な正解は、「何番目に引いても損得なし」である。念のため律儀に計算してみよう。

１番目に引いて当たる確率は、$1/4$。

２番目に引いて当たる確率は、１番めの人が外れてしかも自分が当たる確率だから、$3/4 \times 1/3 = 1/4$。

３番目に引いて当たる確率は、１番目の人と２番めの人が外れてしかも自分が当たる確率だから、$3/4 \times 2/3 \times 1/2 = 1/4$。

４番目に引いて当たる確率は、１番目の人と２番めの人と３番めの人が外れる確率だから、$3/4 \times 2/3 \times 1/2 = 1/4$。

こうして、何番目に引いても当たる確率は変わらない（クジが何枚で、何

LEVEL……B［純度］　M［膨張度］　Q［挑発度］　X［緊急度］

人で引こうが同じ)。ところが実験の結果では、大多数の人が「最初に引きたい」と言うらしい。この心理は何だろうか。

　おそらく、残り物から選ばされるのを嫌がるということだろう。1番目に引けば、ありうる全可能性の中から自分の意思で自由に選ぶことができる。後になればなるほど、前の人々の選択、というより運によって自分の運が狭められることになる。しかし「気持ちの問題」を別にすれば、何番目に選択しようが、当たる確率は同じなのである。

　「残り物には福がある」という諺は、「先に選びたい」「後からの選択はイヤだ」という気持ちを戒める、または宥（なだ）めるための逆説的な教訓だろう。ただし、運まかせの選択にかぎって通用する教訓であり、知識や実力が反映する選択の場合は、先に選んだほうが有利であることは言うまでもない。

055 火星に動物がいることの証明
dependent probability

　火星にかつて液体の水があったことが確実となり、地下には今も液体の水があるかもしれない。地下には微生物が、あるいは動物が住んでいてもおかしくない。いやそれどころか、「火星には現在、ほぼ間違いなく動物が存在する」ことが、次のように証明された。

　——地球には現在、2千万種もの動物がいるといわれるが、かつて存在した動物も含めると、その100倍から1000倍、つまり20億から200億以上もの動物種がいたことになる。現在の火星に存在している「可能性のある」動物種の数も、それにほぼ匹敵すると言えるだろう。それら約100億種類の可能的動物に、仮の名をつけよう。わかりやすいように、地球上の動物種の中で当該動物に一番良く似たものの名を使うことにする。

　さて、火星にイヌが存在する確率はどのくらいだろうか？　大変小さいだろう。しかしゼロということはない。実質的にゼロ同然だが厳密にはゼロでない確率、約1億分の1としておこう。ウマが存在する確率は？　これもほぼゼロだが、ゼロそのものではない。1億分の1としよ

う。シマミミズはどうだ？　1億分の1。ノコギリクワガタは？　1億分の1。クロイロコウガイビルは？　1億分の1。……と、100億種類すべての動物について1億分の1という控え目な存在確率を設定しておこう。

　さてしかし、その百億種の動物すべてが存在しない確率はどれほどだろう。それぞれの動物種が存在しない確率を全部掛け合わせたものだ。つまり、$(99999999/100000000)$の100億乗。これは、ほぼゼロである。つまり、100億種類の動物ひとつひとつが存在しない確率はほぼ1だが、そのどれもが存在しない確率となると、ほぼ0となるのだ。逆に言うと、100億種類の動物ひとつひとつが存在する確率は0にも等しいほど小さいが、少なくとも1つが存在する確率となると、ほぼ1なのである。

　こうして、火星に動物が存在していることはまず間違いない。

　この論証は変だと思うのが普通でしょう。では、どこがおかしいのだろうか。2点指摘してください。

答え◎まず第1に、基礎となる個々の動物種の存在確率を過大に見積もっているおそれがある。全宇宙において、火星とほぼ同じ環境の惑星上で、たとえばミミズのような生物が実際に生まれた比率は1億分の1どころではなく、その何億乗もの小ささかもしれない。可能な膨大な動物種について「少なくとも1種類存在する確率」を計算してもほぼ0のままかもしれないのである。

　第2点はもっと重要だ。動物種1，2，3，4，……100億、と列挙して、それぞれが存在する確率を推定するのはいいが、各々の存在は、互いに独立ではないだろう。たとえばイヌは、ネズミのような生物が生まれないうちにいきなり出現はしない。カエルは魚のあとでしか出現できない。一般に多細胞生物は、単細胞生物が生まれなければ生じえない。こうして、100億種類の生物各々の存在は、原始的なアメーバのような存在に依存することになり、「どれか1種が存在する確率」は、そのアメーバの存在確率を上回ることはできないだろう。

　複数の事象のどれかが実現する確率は、問題文のとおり、各々の事象が起こらない確率をすべて掛け合わせて1から引けばよいのだが、そのためには、

「各々の事象が互いに独立である」という条件が満たされねばならない。連動関係や依存関係があると、この公式は使えないのである。

056 交換のパラドクス
exchange paradox

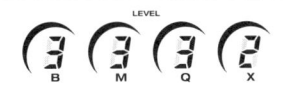

1 2つの封筒A、Bがある。片方は他方の2倍の金額が入っているという。選んだ封筒の中の金はもらえる。あなたはAを選んだ。封を開けると、1万円が入っていた。

そこで相手は言った。「さて、今ならBと交換できますが。その場合その1万円は返していただいて、Bの中身を差し上げます」

あなたは考えた。「私の選んだAが高額の方か小額の方かは五分五分だ。つまりBの中身は2万円か5千円か、確率は半々。となると……、交換した場合の期待値は、2万円×$\frac{1}{2}$+5千円×$\frac{1}{2}$=12500円。これは、今ここにある1万円より多い。ということは、交換したほうが得ということだ」

あなたのこの推理は正しいだろうか？

2 あなたは封筒を1つ差し出された。1万円入っている。相手はこれをくれるというのだが、1つ提案をした。

「ここでもし、その1万円をいったん返していただいて、あなたの財布の中のコインを1枚投げて表が出たら、2万円にしてお返しします。裏ならば、5千円にしてお返しします。いかがでしょう」

あなたは考えた。「表裏の確率は半々だな。となると……、コイン投げをした場合の期待値は、2万円×$\frac{1}{2}$+5千円×$\frac{1}{2}$=12500円。これは、今ここにある1万円より多い。ということは、コイン投げをしたほうが得ということだ」

あなたのこの推理は正しいだろうか？

答え◎1も2も、これから起こりうる{倍増、半減}という変化の確率が$\frac{1}{2}$

ずつという点では、全く同じ状況である。封筒の中身を見ずに中身をかりにx円と置くだけでも推理は成り立つ。**1**では封筒の交換、**2**ではコイン投げ、をすることの期待金額は $(2x \times 1/2) + (x/2 \times 1/2) = 5x/4$ となって、封筒の中身を見たかどうかとは関係なく、「得だ」という答えが出る。しかし、**1**と**2**は本当に同じなのだろうか。

2に関しては、期待値の計算は紛れもなく正しい。ぜひコイン投げをするべきである。勝つ確率は $1/2$ だが、勝った場合の利得が、負けた場合の損失よりも大きいからだ。

1は、「交換するのが得」という判断は不合理のように思われる。なぜなら、もしあなたが最初にAでなくBを選んでいたとしても、全く同じ理屈により(そのときは封筒を開けて目にする金額は別の金額だったろうが、理屈は同じで)、Aと交換するのが得という結論になるからだ。どちらを選んでも他方に乗り換えたほうが得、ということはありえない。もしあなたがAを、私がBを選んだとしたら、互いに交換するのが2人ともにとって得だなどとはありえない話だろう。期待値の理屈がどこか間違っているのだ。

3 それでは、**2**に当てはまる理屈が**1**に当てはまらないのはなぜだろうか？

答え◎2では、2つの封筒のうち、一方だけが実在である。封筒の確定的な中身と、コイン投げの2つの可能な結果とが、非対称的に並べられている。**1**では、封筒Aと封筒Bはともに確定した実在であり、対称的で、どちらの視点も特権化できない。

したがって、あなたが $(x \to 2x)$ か $(x \to x/2)$ かどちらかの決断をするとき、**2**では、否応なしに「最初の封筒の中身をxと書く視点」に立たざるをえず、交換したあとの視点から出発することはできない。ところが**1**では、最初に選んだ封筒の中身をxとするか、もう一方の封筒の中身をxとするかは任意であり、どちらの視点も優越しない。xは2つの値を平等にとりうる。どちらの視点をとるか(ABどちらの中身をxとするか)をここでもコイン投げで決めるとすれば、封筒を交換した結果はxだけ得するか損するか五分五分ということになり、損得はないのである。

4 「しかし！」と反論する人もいるだろう。**1**ではxが2つの値を平等にとりうる、というのは本当だとしても、いったん値が確定してしまったらどうなのか？

　ここで議論は、封筒Aを選んで中身が「1万円」であると確認した場合に逆戻りする。1万円という特定の金額がわかった以上、（x→2x）か（x→$^x/_2$）かという選択において、「x＝1万円」と確定した。となれば、（1万円→2万円）か（1万円→5千円）の可能性しかなく、封筒Bの視点をとる余地はもはや残されていない。こうして、Aの中身を知って視点が確定した瞬間、**2**と同じ非対称性が成立し、Bへ交換すると期待値が12500円というのは間違いないではないか。

　封筒の中の金額を確かめたとたんに、交換は得だというふうに変化するのだろうか？

答え◎金額を知ったかどうかが交換の損得に影響するというのはいかにも変だ。Aの中身が具体的にいくらだと判明するにせよ、Bが2倍または半分ということは始めからわかっていたのだから、金額を確かめたことによって「交換すべきか否か」に関する情報は増えないはずだからだ。そこで、封筒Aの中身を具体的に知らないまま、aという「未知だが確定している値」を割り当ててみよう。

　A→Bの交換による期待効用は、a→$^{5a}/_4$で得。

　この理屈は、aが1万円だろうが100万円だろうが何円だろうが全く同じだ。損する側の損失率（＝手持ちの半額）に比べて得する側の利得率（＝手持ちの全額）が必ず大きいとわかっているために、交換したことによる変化率の合計は、常にプラスである。「交換するべし」という期待値計算は、自分の理屈としても相手方の理屈としても、正しいと認めるべきなのだ。

　こうして正解は、封筒の中を確認したか否かにかかわらず「交換するべきだ」ということになる。

5 「それは変だ！」と言う人がいるかもしれない。「封筒の中身を確認した場合は、主観的に完全に非対称なので、たしかに交換は1度きりで済む。しかし中身を見てない場合は、**4**の論法に従えば、1度交換したあとでまた同

じ論法が成り立ち、再び交換が得だと双方が判断する。再び交換したあともまた……２人は永遠に（$5/4$）倍の得を夢見て封筒を交換しつづけるだけ。いつまでたっても決断が下せないではないか！」。

「交換するのが得」という結論は、やはり間違いなのだろうか？

答え◎「交換するのが得だ」というのは、**3**で述べたように、手元の封筒の中身 x を確定できたとき（視点の非対称性があるとき）に限られる。いったん交換して別の値（$2x$ または $x/2$）が手元に来てからそれを改めて y と置くと、その確定値はもとの x とは変わっている。そのとき再び「交換が得」と考えたとしても、さっきの x とは別の値 y について「交換が得」と判断しているのだから、同一の決定を翻したことにはなっていない。つまり、同一の x について「交換するのが得、しかしやっぱり取り戻すのが得」と判断したわけではないので、矛盾していない。

もしも、交換後も始めの x に固執し（つまり相手の手に渡った金額を基準値 x とし）、自分の手元に来た金額を相変わらず「$2x$ または $x/2$」と見なすとすれば、「交換すると相手が有利、よって交換するまい」と判断されて、交換を1度したきりで落ち着く。基準値を一定に保てば交換してそれきりになるし、基準値を定義しなおせばそのつどもう１度交換するのが得と判断される。ここに矛盾はない。

あなたが自分の取ったＡの中身だけ知った場合と、自分の取らなかったＢの中身だけ知ってＡの中身を不確定と見なしている場合とでは、交換の損得判断が食い違うのも、同じ論理による。前者ではＢに交換すべし、後者ではＡのまま取っておくべし。この違いは、与えられた証拠が異なっているからだ。別々の証拠から相反する結論を導くことは、矛盾でも何でもない。

基準金額がどちらにも動きうる枠組みを客観的、基準金額が決まった枠組みを主観的と呼ぶならば、**3**の答えは客観的視点に立っており、**4 5**の答えは主観的視点に立っている。客観的に損得ナシの交換が、主観的には得または損になりうるのは当然なのだ。

ここでの主観的・客観的の区別は、データの有無が非対称的である場合が主観的、対称的である場合が客観的というふうに、証拠内容による区別である。同じ証拠が与えられても確率判断に違いの生じた053【ラプラスの悪魔】

の主観的確率・客観的確率の区別とは異なることに注意しよう。

Clark,M & Shackel,N."The Two-envelope Paradox" *Mind*, vol.109.435. July 2000

057
クラスターの錯誤
clustering illusion

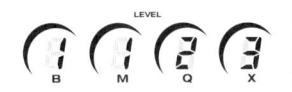

LEVEL B1 M1 Q2 X3

　イカサマでないサイコロを10回振って、目の出方を正確に当てれば、全員の賭け金をもらえるというゲームをすることになった。参加者は100人。全員がはじめに100万円の賭け金を払う。そして、次のような条件が全員に了解されたうえでゲームが行なわれる。

● 参加者100人はみな、利益を追求する常識的な人間である。
● 当たった者がいない場合は、全員に80万円を返却し、残りは胴元が取る。
● 当たった者がいた場合は、全員の賭け金の8割を当選者全員で均等に分配し、残りは胴元が取る。
● 予想できる目は、次の5通りに限られている（1〜10回目の順列）。

　　A（5, 1, 2, 6, 4, 6, 3, 4, 3, 1）
　　B（4, 6, 2, 3, 1, 5, 3, 1, 5, 2）
　　C（1, 4, 3, 3, 1, 6, 5, 3, 2, 1）
　　D（5, 5, 5, 5, 5, 5, 5, 5, 5, 5）
　　E（4, 6, 2, 1, 4, 3, 2, 5, 3, 6）

1 このゲーム1回で当選者が少なくとも1人出る確率は？
2 このゲーム1回で1人が獲得できる金額の期待値は？
3 A〜Eのうち、賭けて得か損かの違いはあるだろうか。あるとすれば、どれに賭けるのが得か？

答え◎1 全員が外れる確率を1から引けばよい。順に計算していくと──特定の1人が当たる確率は、$(1/6)^{10}$

特定の1人が外れる確率は、$1-(1/6)^{10}$
それが全員に起こる確率（全員が外れる確率）は、$(1-(1/6)^{10})^{10}$
したがって、求める確率は、$1-(1-(1/6)^{10})^{10}$

2 全員が外れると自分の獲得金額はマイナス20万、自分以外の1人でも当たると獲得金額はマイナス100万、自分が当たると獲得金額は……、いや待て、何人が当選したかによって分配金額が変わってくるぞ、エート自分1人だけ当選の場合は80万かける100で8000万円、2人当たれば4000万円でその組合せは99通り、3人当たればエート……、まともに計算するときわめて面倒だ。

しかし、1秒で正解を出す方法がある。

何人がどういう組合せで当たろうが外れようが、分配される総金額は全員が供出した計1億円×8割の8000万円なので、平均して100人それぞれが80万円獲得する。はじめに100万円供出しているから、差引マイナス20万円。これが、このゲーム1回当りの期待値である。

3 A～Eは、どれも、当たる確率は $(1/6)^{10}$ である。つまり、当たる確率はみな同じ。ということは、どれに賭けても損得の度合は同じこと。

……と言ってよいだろうか？

確率が同じなら、たしかに「当たりやすさ」は同じである。しかし、見込める獲得金額、つまり期待値が同じとはかぎらない。当たる確率が同じなのに、期待値が異なるとは、一体どういうことだろうか？

期待値の中の、確率と並ぶもう1つの成分、期待金額が異なるからである。

百人のうち大半の人が、D（5，5，5，5，5，5，5，5，5，5）に賭けるのは「不合理だ」と感じるだろう。それは、次の2通りの人がいる見込みが高いからだ。

1． A～Eのどれも当たる確率は同じということに気づいていない人。つまり、サイコロの目の出方はランダムであるはずで、D以外の4つの場合はいかにも「ランダムな」感じがするのに対し、Dのように全部5という特殊な出方はどうも起こりそうにない、と考える。これは実際に人々が陥りやすい誤りで、「クラスターの錯誤」と呼ばれる。似た出来事が群れをなして起

こると、ランダムな出来事ではない、と思い込む錯誤である。

この「クラスターの誤謬」に囚われている人が少なからずいると仮定すると、フェアなサイコロでDが実現する確率は他の場合より小さいような気がする、という理由でDを避ける人がいるに違いない。

2． A〜Eのどれも当たる確率は同じということに気づいているが、次のように考える人。「……D（5，5，5，5，5，5，5，5，5，5）に賭けるのも、他の4つの場合と全く同等だ。そりゃわかってる。理屈ではな。だけど、そんな目に賭けて外れたら、悔しい思いをするだろうな。やっぱやめときゃよかったと。どのみち外れる確率のほうが高いわけだが、外れても諦めがつく賭け方をしたいよな。だったらわざわざツッパッてDなんかに賭けずに、無難な他の4つのどれかにしておくか……」

このような考えかたはいろいろな形で現れる。全く正解のわからない二択問題のファイナルアンサーを求められて、「いったん提示した答えを変える」人はほとんどいないだろう。どうせ当たる確率が$1/2$なら、はじめの選択のままにしておこう、と。もし変えて外れたら後悔するからだ。仏滅や友引が何の根拠もない迷信だとわかっていながら、葬式や結婚式をしきたり通りにするというのも、この類だろう。

これは「クラスターの誤謬」のような数学的錯覚ではなく、「気持ちの問題」だろうが、人間の行動原理として無視できない。この原理によってDをあえて避ける人もいるに違いない。

さて、以上2つの要因によって、Dがとりわけ避けられやすいという推測が成り立つ。ということは、もしDが当たった場合、他が当たった場合に比べて、当選者の数が少ないだろうと予想される。つまり分配金が高そうだ。当たる確率そのものは同じでも、分配される期待金額が高そうなら、Dを選ぶべきだろう。

こうして、いちばん得なのは、Dである。

4 しかし念のため、最後に考えておくべきことがある。

参加者の多くが、以上のような推理をして、「Dに賭けるのが得」という認識を得たとしよう。すると、むしろDに賭ける参加者が多くなってしまう。「Dに賭ける人は少ないだろう」という予測によって、「Dに賭ける人が多く

なってしまう」のである。
　しかし今度は、以上の推論によって、「Dに賭ける人が多くなってしまうかも、ならばやめとこう」と、Dを避ける人が多くなるだろう。するともう1度推測がフィードバックして、「みんなそう考えればDに賭ける人は少ないはず、ならばDに賭けよう……」となる。Dをめぐってぐるぐると推理が反転しつづける。
　それでは、どうしたらよいのだろうか。結局、A〜Eのどれを選ぶべきなのか。

答え◎Dをめぐる「サーモスタット推理」は、結局、Dに賭けるべきかどうかについて何も教えてくれない。となると、このサーモスタット推理をしなかった先ほどの1，2の人々の存在に期待することだけが確実な戦略になる。その部分ではDに賭けるのが得だった。こうしてすべて総合すると、「Dに賭けるのが得」という結論になるだろう。

　Robert Todd Carroll, *Becoming a Critical Thinker: A Guide for the New Millennium,* Prentice Hall, 2000

058 エルスバーグの壺
Ellsberg's urn

LEVEL B[8] M[1] Q[2] X[3]

1　中の見えない壺の中に、球が100個入っている。100人が100万円を賭けなければならない。賭けの方法は、まず自分が摑み出す球が赤球か青球かを事前に予測し、次に実際に壺から球を1つ摑み出して、引いた球の色が予測と一致すれば当たり。
　さて、100人各々が、次のA，Bどちらか一方のゲームを選ぶことができる。

　A． 赤球と青球が50個ずつ入っている壺から1個引く。
　B． 赤球か青球が合計100個入っている壺から1個引く。赤球と青球の内訳は、それぞれ0個以上100個以下、計100個であること以外には情報はない。

LEVEL…… **B**[純度] **M**[膨張度] **Q**[挑発度] **X**[緊急度]

あなたは100人の参加者の1人である。A、Bどちらを選ぶかは各人の自由に任されており、それぞれ次のような条件Σが了解されている。
●球は1人が引くたびに壺の中に戻す。
●参加者はみな利益を追求する常識的な人間である。
●2つのゲームの参加者の賭け金合計を、参加者の多かったほうのゲームの当選者全員で均等に分配する。

つまり、外れれば100万円失うことでどちらのゲームも同じだが、当たった場合は、参加者の多いゲームに属していなければ、何も獲得できず100万円の損失で終わるのだ。

さて、あなたはA、Bどちらのゲームを選ぶべきだろうか。

答え◎この問題は、実質的に「ヒューリスティクス3部作」「フレーミング3部作」方式の問題である。「あなたがどちらのゲームに参加したいか」ではなく「どちらのゲームを選ぶ人が多いと思うか」に自分の答えを合わせねばならないからだ。

数学的には、AもBも当たる確率は同じと考えられる。Aの場合、当たる確率が五分五分なのはすぐ見て取れる。Bは？　当たりの個数が全くわからないのだから、当たりは50個を中心にいくらとでも見積もれる。つまり、Aより当たりやすいとも外れやすいとも、どちらとも決定的な決め手がない。したがって、五分五分だ（053【ラプラスの悪魔】参照）。

当たる確率が同じなのだから、選択の決め手は、当たったときの獲得金額、つまり参加者数の多いほうのゲームを選ぶべきだということになる。どちらのゲームが好まれそうだろうか。大体予想はつくだろうが、経済学者ダニエル・エルスバーグの実験によって、予想通りの結果が確かめられた。そう、大多数の人がAを選んだのである。

たとえば「赤球」と予測した場合、Aでは、当たるかどうかわからないにせよ、当たる確率が客観的に50パーセントであることはわかっている。Bでは、当たるかどうかだけでなく、当たる確率そのものが客観的に算定できない。わからないから仕方なく50パーセントにしておく、というだけのことである。つまり人間は概して、「不確実さ」の度合の大きい選択肢を避ける傾

向にあるらしいのである。実験結果がこのようなものである以上、多数派を選ぶべきこの選択では、あなたもAを選択すべきである。

この問題は、少数派ではなく多数派を選ぶべき問題なので、前問【クラスターの錯誤】のような「サーモスタット推理」の揺れは生じない。Aのままで不動の正解である。

2 300人が次のC、Dどちらか一方のゲームに100万円を賭ける。どちらのゲームも、赤か青か黄の球300個が入った壺から1個を引くのだが、そのうち赤球が100個であることだけわかっている。残り200個のうち、青と黄の内訳は、ともに0個以上200個以下であること以外は情報がない。
C. 赤球を引けば当り。
D. 黄球を引けば当り。

あなたは300人の参加者の1人である。C、Dどちらを選ぶかは各人の自由に任されており、それぞれ**1**と同様の条件Σが了解されている。つまり当たった場合、参加者の多いゲームに属していなければ何も獲得できない。C、Dどちらのゲームを選ぶべきだろうか。

3 条件は**2**と同じ。ただしゲームの選択肢が違う。E、Fどちらを選ぶべきか。
E. 赤球か黄球を引けば当たり。
F. 青球か黄球を引けば当たり。

答え◎2 1の答えがヒントになるだろう。エルスバーグの実験ではここでも、確率のわからないほうが避けられた。すなわち、Cを好む人が多かった。当たる確率が$1/3$とわかっているからである。よって、あなたもCを選ぶべきである。

3これも同様。エルスバーグの実験では、確率のわからないEが避けられ、大多数がFを選んだ。Fは、当たる確率が$2/3$とわかっているからである。よって、あなたもFを選ぶべきである。

繁桝算男『意思決定の認知統計学』(朝倉書店)

059 コペルニクス原理
Copernican principle

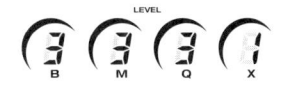

　人類の将来に関する次のような推論を考えよう。
　私たちは、全人類の中で自分を平凡な個人と考えるべきである。したがって、具体的な程度のわかっていない自分の性質については、大多数の人間なみだと判断するべきだ。ところであなたや私は、「全人類の中で自分の生まれた相対的な順番」という性質について、何も知らない。だから平凡だと考えよう。極端に初期とか極端に末期とかいう例外的な位置ではなく、中央の95％の範囲には入っているのではないか。全人類の95％という多数派についてこのことがあてはまるはずだから。
　こうして、あなたや私は中央95パーセントに属している確率が95％。ミトコンドリア・イブ以来すでに700億人ほどの人間が生まれていることをもとにして、私たちが例外的に初期と末期の各2.5％に属してはいないと考えると、私たちの後に18億人以下、または２兆7000億人以上が生まれることはなさそうだ、と推測できる。
　２兆7000億人といえば、人口増加率が鈍って出生数が今のままにとどまったとしても、２万年以内に突破する人数。ましてや宇宙開発が成功し近未来に銀河植民が実現すれば、何百年の単位で２兆7000億人など突破してしまう。つまり、その頃（数百年後）には人類は終わっている確率が高い。
　こうして、私が人類の平凡な一員ならば、人類の未来は短いだろう！
　この「コペルニクス原理」の推論を唱えた宇宙物理学者リチャード・ゴットは、あるラジオ・インタビューでこう訊ねられたという。「あなたはご自分が平凡な人間であることを前提としてこの結論を導いたわけですが、しかしこんな賢い推論を思いつくなんて、あなたは平凡ではないということでは？」
　あなたがゴットだったら、これにどう答えますか？　論理的な答えをしてみてください。

答え◎ゴット自身は、しばらく経ってから次のように答えている。

「いや、この考えを思いついた人は他に何人もいたのですよ。私は知らなかったのですが、イギリスの宇宙論学者ブランドン・カーターが私より先に発表しており、カナダの哲学者ジョン・レスリーがカーターのアイディアをあちこちで使っていたようですし、デンマークの物理学者ホルガー・ニールセンも彼独自に……」

しかし、大多数の人間は「コペルニクス原理」を人類の未来予測に使おうなどと考えなかったのだから、「コペルニクス原理」を思いついた例外的な同志を幾人か列挙できたとしても、ゴット自身が「平凡」であることの証明にはほど遠い。

正しい答えかたはこうだろう。

「ハイ、確かにこんな推論を思いついたという点では私は非凡なんでしょう。しかし、もともとコペルニクス的推論は、『具体的な程度のわかっていない自分の性質』に限って適用されることを思い出してください。なるほど私はコペルニクス原理のこの応用を思いついた点で特別です。しかし、生まれた順番について特別だと考えるべきではありません。たとえば現存の人間のうち、世界で一番背の高い、つまり身長という点で特別な人間を選びましょう。ではその人の死因は何か。これは本人にもわかりません。『死因は猩紅熱である』という性質があてはまるか否かで賭けをするとして、猩紅熱で死ぬ人は現在ごく少数ですから、彼の死因は猩紅熱ではない、という方に賭けるのが当然です。身長と死因は互いに独立な性質なので、いくら身長が特別でも、死因まで特別だとは言えませんから。私の場合も同様に、コペルニクス原理の応用を思いついたという性質について特別であっても、生まれた順番という性質について特別だと考える根拠はないのですよ」。

　　　　　　　📖 J・リチャード・ゴット『時間旅行者のための基礎知識』(草思社)

060
ビギナーズ・ラック？
beginner's luck?

　イカサマでないサイコロをN回振って、6割以上偶数が出れば「当り」となるゲームをすることになった。ゲームは次の2種類を行なう。

　ゲーム1．当たれば、1千万円もらえる。外れたら何もなし。
　ゲーム2．当たれば、1千万円払わねばならない。外れたら何もなし。

　さて、このゲームの各々について、あなたは次のどちらかの設定を選ぶことができる。

　A．サイコロを振る回数Nを、N＝100とする。
　B．サイコロを振る回数Nを、N＝1000とする。

　ゲーム1，2それぞれについて、設定AとBのどちらを選択するのが得だろうか。

答え◎こういう問題を出すと、次のように答える人が必ずいる。「1000回もサイコロを振るのは面倒だから、Aにする」。パズルなので、どうかそういう余計なことは考えないように。それに、ただのパズルではなくほんとに実行するとなった場合も、1千万円がかかっているとなれば、1000回でも1万回でもサイコロ振りを嫌がる人はいないのではないか。ともかく、人がサイコロを振ってくれる、またはコンピュータで数秒のうちにサイコロ振りが実行されるとでも考えて、労力という要因をコストの中に含めないように願います。
　ゲーム1も2も、可能性としてはそれぞれ3通りある。Aが得、Bが得、どちらでも同じ、という3通りである。前2者の場合は、ゲーム1とゲーム2とで答えが正反対になることもわかるだろう。ゲーム1では当たりを狙い、ゲーム2では外れを狙うのだから。

この種の問題では、「極端な場合」を考えると道が開けることが多い。選択肢である設定AとBの違いは「振る回数」なのだから、回数に極端な差をつけて、A'を「N＝1」B'を「N＝無限大」としてみよう。すると、全体の6割以上偶数が出る「当たり」の確率は、A'では$1/2$、B'ではゼロ（無限回という理想的な状況では、偶数が全体の5割という理論的確率値に落ち着くはず）となる。つまり、振る回数が少ないほど、「全体の6割以上偶数」というズレが起こりやすくなる。逆に、試行回数が多いほど、計算通りの結果に一致する（大数の法則）。

　こうして正解は、ゲーム1では設定Aを選び、ゲーム2では設定Bを選ぶべきだということになる。

　「ビギナーズ・ラック」という言葉は、この「大数の法則」を通俗的に言い換えたものだ。たとえば日本の競馬では、賭け金の25％を胴元の日本中央競馬会が控除した残りを客に分配する方式なので、客は平均75％だけの金を回収する。しかし、1度や2度しか賭けない人は、たまたま大穴が来たりして、あるいは本命が順当に勝つのでもよいが、得をして終わることもありうる（逆に、75％どころか回収ゼロで終わる率も高いが）。だから、最初にまんまと儲けたからといって、続けて何度も賭け続けていると、確率計算どおり、25％の損へと必ず落ち着いてしまうのである。

061
白黒の壁
fry on the wall story

LEVEL　B 3　M 1　Q 2　X 1

　広い白壁に大量の黒ペンキがぶちまけられている。全体の95％以上が黒くなっており、残り5％弱が白いままだ。模様はとくに意味のない、不規則でデタラメな模様である。さて、今、あなたは100メートル離れたところから弾丸を1発壁に撃ち込んだ。壁のどこを狙ってというわけでもなく、無雑作に撃ったのである。弾丸は、壁の適度に真ん中へんの位置に当たった。そこは黒い部分だった。黒い部分が全体の95％以上占めているのだから、確率的にこれは当然だろう。ところが、みんなが「すごい腕前だ」とあなたを誉めている。どうしてみんな感嘆したのだ

ろうか。

答え◎たとえば、図のような模様になっていて、矢印のところに弾丸が当たったとしよう。そうすると当然、あなたの射撃は「デタラメ」であるはずがなく、「ヘタ」であるはずもない、ということになるだろう。

全体としては確率が高い事象（ここでは「黒い部分に当たる」）であっても、近傍（ローカルな領域）において確率の低い事象であるならば、なぜそれが起きたのか、特別な説明が必要になるのである。

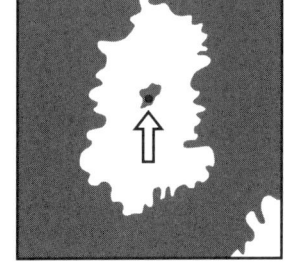

（部分拡大図）

Leslie, John, *Universes*, Routledge, 1989

062
ブラックのジョーク
Black's joke

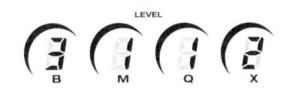

LEVEL　B 3　M 1　Q 1　X 2

　哲学者マックス・ブラックの学生が、海外で研究発表をすることになったのだが、飛行機に乗るのをこわがった。テロリストが爆弾を持ち込むかもしれないというのだ。そこでブラックは彼女にこう言った。
　「誰かが爆弾を持ち込むというのは、ありえなくはない。しかしどうだね、たまたま2人の人間がそれぞれ別個に爆弾を持ち込む確率はほぼゼロではないだろうか」
　「ええ、まあ、2人重なることはほとんどありえないと思います。だけど1人でも爆弾を持ち込めば危険なわけで……」
　「だったら、きみ自身が爆弾を持ち込んだらどうだ。2人重なることはまずないのだから、きみの他にもう1人爆弾を持ち込む確率はほぼゼロになるだろう。それで安心だ」
　ブラックはもちろんジョークとして言っているのだが、ブラックのこの理屈は本当は正しいのだろうか、それとも間違っているのだろうか。

答え◎爆弾持込が２人重なることはない→「あなた」は１人である→「あなた」以外のもう１人の爆弾持込はない。この三段論法は、第１、第２の文が正しければ、第３の文（結論）も認めざるをえないように見える。しかし、誰もがこれをジョークだと感じるはずだ。つまり、誤った滑稽な推論と感じているはずだ。そしてその感覚どおり、この推論は誤りである。

「爆弾持込が２人重なることはない」と言えるのはなぜだろうか。爆弾を持ち込むやつが１人いる確率がＰだとすると（ただしＰ＜１）、２人が独立に持ち込む確率はほぼＰ×Ｐとなり、ただでさえ小さかったであろうＰよりさらに小さくなるからである。

さて、あなたの爆弾持込と、他の誰かが爆弾を持ち込むかどうかはたしかに独立だ。互いに示し合わせたりはしていないのだから。ところが、あなたが爆弾を持ち込んだら、あなた自身にとってはあなたの爆弾持込は確実となり、確率１となる。ということは、あと１人爆弾を持ち込む確率がＰならば、あなたとそのもう１人がともに持ち込む確率は１×Ｐ＝Ｐで、あなたが爆弾を持ち込もうが持ち込むまいが変化していないことになる。

「爆弾持込が２人重なることはない」という判断は、あくまで、あなたの知識の範囲で「真か偽かわからない」持込についてのみ当てはまるのだ。

これは、046【クリックの「統計の誤謬」】と同様、自分を勘定に入れてはいけないところで入れてしまった誤謬である。ジョークは説明するとシラケてしまうと言われますが、いかがでしょう。シラケましたか？

📖 Ian Hacking, *An Introduction to Probability and Inductive Logic,* Cambridge U. P., 2001

063
ベル・カーブ
bell curve

LEVEL **B**3 **M**1 **Q**2 **X**3

　確率や統計の話で必ず出てくる図に、左右対称の釣鐘形グラフ、いわゆる「ガウス曲線（正規分布曲線、ベル・カーブ）」がある。自然界から人間界まで、諸々の母集団のメンバーが持つ性質を数値化して並べると（x軸はその数値、y軸はその数値を示す個体の数）、大多数の場合

にこのグラフのようになると、よく聞かされる。高さや裾の幅は場合場合で異なっても、基本的な形は左右対称のベル・カーブになるのが普通だと。

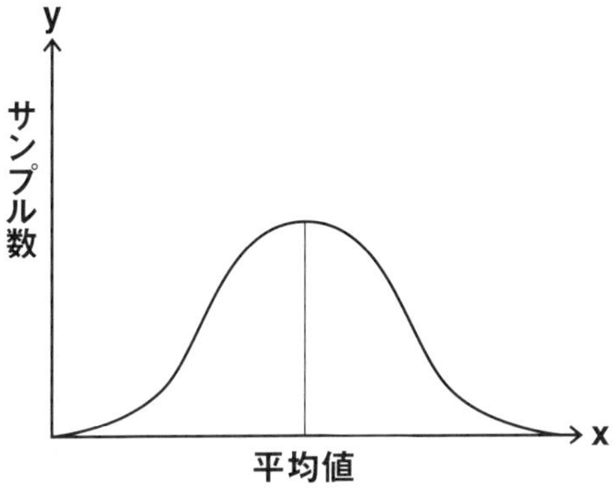

しかしこれは、事実に反している。たしかに、砂浜の砂粒の直径、カブトムシの体長、全校生徒の試験成績、全人間の身長や体重、１度に100個サイコロを振って出る偶数の数、等々のグラフは、平均値を中央として左右対称に裾が広がる形になるだろう。だがそうならない場合のほうがはるかに多い。例をいくつか挙げよう。

・世界の都市の人口……大都市は数えるほどしかないので、平均人口より人口の少ない都市のほうがたくさんある。
・生物の種に含まれる個体数……個体数の多い種は個体数の平均値を引き上げるので、平均個体数より少数の個体を擁する種のほうがたくさんある。
・東京都の各世帯の年収……収入のずば抜けて多い資産家世帯が平均年収を引き上げるので、大半の世帯の収入は平均収入より少ない。

等々、偏っている場合が非常に多い。統計処理のためには綺麗なベル・カーブにしたほうが扱いやすいため、ｘ軸の目盛りのとり方に工夫をして、なまの数値でなくその平方根をとったり、対数をとったりして、なんとかベル・カーブができるように工夫することが多いのだ。

> さて、問いである。「現代日本人の寿命」はどうだろう。平均寿命を境にして、ベル・カーブになるだろうか。それとも短命の方に人数が偏るだろうか、それとも長命の方に人数が偏るだろうか。

答え◎平均寿命をはさんで左右対称にならないことはすぐわかる。日本人の平均寿命は、2003年に男女区別せず平均して81.9歳程度。つまり、平均寿命より若い時期のほうが時間の絶対量が圧倒的に大きいので、死ぬチャンスそれ自体も若い頃のほうが多いはず。しかしたとえば、20歳の青年が1人オートバイ事故で死んだとすると、それに見合うように81.9歳以上の、たとえば85歳くらいの人が20人ほども死ぬ必要がある。生まれたばかりの赤ちゃんが肺炎で2人死んだら、平均寿命を支えるためには85歳の人が50人以上死なねばならないだろう。

そう。人間に許された寿命から見てかなり高い方に平均寿命があり、しかも相当若くして死ぬ人が存在するという事実を考え合わせると、平均寿命より年上になってから死ぬ人が大勢いないと釣り合いがとれないことがわかる。こうして、現代日本人の寿命は、平均寿命より長く生きる人のほうが多い、という偏りがある。大多数の人は平均より長生き。したがって、「平均寿命まで生きた」と言って満足してはいけないのだ。

📖 David M. Raup, *Extinction: Bad Genes or Bad Luck?* W.W.Norton & Co Inc, 1992

064
遊女の平均寿命
average lifetime of prostitute

LEVEL　B1　M2　Q0　X3

江戸東京博物館の展示に「吉原の遊女の平均寿命は23歳」というデータが公開されていたそうである（今もまだ公開中だろうか？）。この数字が真実なら大変なことだ。吉原というところは、いや江戸の遊女全般の境遇はなんと悲惨だったことだろう！　こうして、江戸時代の性を美化してはならないとか、遊郭や売春一般を肯定することは間違いだとかいう持論の論拠として、この「平均寿命23歳」を使っている論者もいる。

ここには実はさまざまな統計上の偏りや情報不足が重なっていて問題

第6章◎急がば確率の巻

は複雑なのだが、主要な点に限って単純化すると、次のような事情が浮かび上がる。

件の展示の数字は、吉原の遊女が葬られた投げ込み寺の過去帳から計算されていた。ということは、年季が明けたり身請けされたりして吉原を去った女は統計に入っていない。吉原の遊女は、10年契約の年季証文によって18〜27歳の暮れまで勤めるのが基本なので、統計の母集団に28歳以上の者は含まれていないのである（前借がかさんでいつまでも足を洗えない例外があるにしても）。となると、遊女である間に病気などでたまたま亡くなった者の平均年齢を算出すれば、かなり若い数字が出ることは当然だ。「23歳」という数字は吉原が悲惨な環境であったことの証拠には全くならないではないか。

「平均寿命23歳」を論拠に「江戸時代の遊女は悲惨だった」と主張する評論家が、上のような批判を受けたとき、次のように反論したという。「遊女の平均寿命など調べなおしてもどうせ数年あがるだけ。江戸時代の平均寿命は40歳程度だから、28歳で年季明けしても大して長生きできるはずがない」。

この弁明は、ダメ議論の典型である。2つの点で批判してください。
（ヒント：1つは、「平均寿命」の意味について。もう1つは、全般的な論理に関して）

答え◎まず第1に、平均寿命というのは「ゼロ歳平均余命」のことであり、生まれたばかりの人があと何年生きられるかという平均値であることに注意。江戸時代には乳幼児死亡率がたいへん高かったので、成人する前に死んだ人々が平均寿命を引き下げていた（前問【ベル・カーブ】参照）。したがって、20歳まで生きた江戸時代の女が平均してあと何年生きるかという「20歳平均余命」を計算するには、平均寿命から20歳を引いたのでは大間違いになる。実際には、平均してあと40年以上は生きた可能性があるのだ。（ちなみに乳幼児死亡率の低い現代日本では、平均寿命から年齢を引いた値と、平均余命とはほぼ一致する。日本人の女の平均寿命が初めて85歳を超えた2002年、厚生労働省の簡易生命表によると、女の平均寿命は85.23年、40歳の平均余命は46.12年で、ほぼ引き算どおり。もちろん90歳の平均余

命は5.56歳で、平均寿命を大幅に上回ることは当然である。)

　第2の問題。「江戸時代の遊女は悲惨だった」ことを論証するには、「江戸時代の他の一般の人々に比べて特に悲惨だった」ことが示されなければ意味がない。「平均寿命」がこれこれだからあとこれこれしか生きられまい、という議論は、遊女以外の人々にも当てはまるので、遊女特有の問題を論じたことにはならない。江戸時代の一般の人々ならぬとりわけ「遊女」の境遇については、「江戸時代の平均寿命」は何も語らないのである。

　　　　『絶望書店日記』2002/9/25, http://home.interlink.or.jp/~5c33q4rw/nikki/2002_09.htm#25

065 ロシアン・ルーレット・ジレンマ
Russian roulette dilemma

LEVEL B3 M1 Q1 X2

　6つの薬室のうち1つだけに実弾を装填したリボルバーの弾倉を回転させて止める。銃口を自分のこめかみに当て、引金をひく。弾が出る確率は1/6。

　捕虜になったあなたは、このロシアン・ルーレットを強制され、生き残れば釈放されることになった。ただしこの収容所のルールでは、実弾を満載したピストル1つと空のピストル5つから成る1～6のうち、捕虜が1つ選ぶ方式だ。しかもその直後、兵士が残り5つのピストルから1つ取り上げ、天井に向けて引金を引いてみせることになっている。

　いまあなたは、4を選んだ。兵士は5を取り上げて天井に向けて引金を引いた。カチリ。弾は出ず。ここで恒例どおり、あなたにファイナルデシジョンの機会が与えられる。始めに選んだピストルを捨てて、兵士が取り上げなかった残りの4つのピストルのどれかに選択を変えてもよいのである。

　ただし、兵士の選択条件の違いにより、ゲームは3種類に分かれる。

1　兵士はどれに弾が入っているのか知っていて、捕虜がどれを選ぼうとも、残りのうち弾の入っていないピストルを天井に向け引金を引くことになっていた。

2 兵士は機械的に、捕虜が選んだピストルより1つ番号の大きな（6が選ばれれば1の）ピストルを天井に向け引金を引くことになっていた。
3 兵士はどれに弾が入っているのか知らず、残りの5つのうち適当に1つ取って天井に向け引金を引くことになっていた。

123それぞれの場合、あなたは生き残るためにはどう選択すべきだろう。最初に選んだピストル4で実行するか、1，2，3，6のどれかで実行するか。

答え◎1の条件では、兵士が空のピストルを選ぶことは始めから決まっているので、あなたのピストル4に弾が入っているかどうかの確率に新たな情報は付け加わらない。**2**と**3**では、兵士のピストルがたまたま空だったということは、弾入りの候補が1つ狭まり、あなたのピストル4が弾入りである確率が増えたことを意味する。

こうして、ピストル4に弾が入っている確率は、**1** $1/6$、**2** $1/5$、**3** $1/5$で、それぞれを1から引いて4で割れば他の4つの各々が弾入りである確率が出る。**1**では $5/24$、**2** $1/5$、**3** $1/5$。比較してみると、**1**では他のピストルに変えると損、**23**の場合は変えても変えなくても同じこと。

ところで、こうしたクジでは「確率が同じなら、選択を変えない。変えずに外れても諦めがつくが、変えて外れたら悔しいからだ」と考える人が多いことがわかっている。この考えは自然であり（003【係留ヒューリスティクス】参照）、心理学的には理に適っている。すると、**123**とも選択を変えないのが賢明、というのが正解だろうか。

しかしである。賞金や罰金のクジとは違って、ロシアン・ルーレットでは外れは「死」を意味し、「悔しがる」ことはできないことに注意しよう。よって、理屈は逆にならねばならない。つまり、「確率が同じなら、選択を変えよう。変えずに弾が出ても変えて弾が出ても命はないので同じこと。変えずに弾が出なければ『変えなくてよかった』、変えて弾が出なければ『変えてよかった』と安堵するが、安堵の度合は後者のほうが大きい。よって、変えよう」

残りのピストルが2つである場合を考えると、この安堵感（あるいはラッ

キー感）の差はハッキリするだろう。よって、一般にも、**1**では始めの選択どおり4でこめかみに引金を引き、**2 3**の場合は4以外のピストルに変えて、引金を引くのがよいだろう。

4 あなたは首尾よく生き残った。しかし再び別の部隊に捕らえられ、今度の収容所ではもっと恐ろしいゲームを強要された。「逆ロシアン・ルーレット」である。

　実弾を満載したピストル5つと空のピストル1つから成る1～6のうち、捕虜が1つ選ぶ。その直後、兵士が残り5つのピストルから1つ取り上げ、天井に向けて引金を引いてみせるのだ。

　いまあなたは、4を選んだ。兵士は5を取り上げて天井に向け引金を引いた。パァン！　天井に穴があいた。ここで恒例どおり、あなたにファイナルデシジョンの機会が与えられる。兵士が取り上げなかった残り4つのピストルのどれかに選択を変えてもよいのである。

　1 2 3それぞれの条件下の場合、あなたは生き残るためにはどう選択すべきだろう。最初に選んだピストル4で実行するか、1，2，3，6のどれかで実行するか。

答え◎前の収容所でのロシアン・ルーレットと「当たり」「外れ」を逆転させて考えれば、全く同じ問題になる。4が空である確率は、**1** $1/6$、**2** $1/5$、**3** $1/5$。4以外の各々が空である確率は、**1** $5/24$、**2** $1/5$、**3** $1/5$。

　こうして、**1**では他のピストルに変えるべきである。**2 3**の場合も、「変えて助かったほうがラッキー感が大きい」ので（前の収容所でのゲームより、こちらの場合はラッキー感がずっと大きい。なにせ当たりが1つしかないのだから！）、他のピストルに変えるべきである。

三浦俊彦『論理パラドクス』（二見書房）⇒ 042【モンティ・ホール・ジレンマ】

066
百聞は一見に如かず？
Seeing is believing?

LEVEL B3 M1 Q3 X3

　拙著『論理パラドクス』（二見書房）に出題した問038【2人の受講生】について、読者からいろいろな質問をいただいた。最もシンプルな部類の問題なのだが、確率の奥深さを思い知るには最適の問題である。まず同じ問題を考えていただいてから、新バージョンを研究しよう。

1　A教授の講義には、2人の学生しか受講していない。今、講義の始まる直前にあなたが教室を覗き込むと、1人の女子学生が着席していた。もう1人の受講生も女である確率はいくらか。

2　A教授の講義には、2人の学生しか受講していない。A教授に「受講生に女子はいますか」と尋ねると、「いる」という答え。A教授はウソをつかない。2人とも女子である確率はいくらか。

答え◎1 その日着席する順番が（男、男）（男、女）（女、男）（女、女）の4つの場合のうち後2者だけが可能性として残ったので、（女、女）は$1/2$。

2 その日着席する順番が（男、男）（男、女）（女、男）（女、女）の4つの場合のうち（男、男）のみが除外されたので、（女、女）は$1/3$。

　さて、多くの人はこの違いを奇妙だと感じるらしい。少なくとも1人の女子がいることを「見た」のと「聞いた」のとで、2人とも女子である確率に差異が出るのは変だ、と。「百聞は一見に如かず」とはいうものの、**全く同じ情報が得られたのなら**、「2人とも女子」という同一仮説に付与される確率は同じでなければならないはずだ、と。

　実はこの問題は、「百聞は一見に如かず」「聞くと見るでは大違い」といった教訓とは関係がない。その証拠に、次の2つの追加問題を考えてみよう。

3　A教授に「受講生を1人紹介してください」と頼むと、「よし、山田奈緒子を紹介しよう」。2人とも女子である確率はいくらか。

4　A教授に「受講生に女子がいたら1人紹介してください」と頼むと、

「よし、山田奈緒子を紹介しよう」。2人とも女子である確率はいくらか。

答え◎ 1 2と同様の推論をすればよい。**3**は、紹介するにふさわしい学生として教授が思い浮かべた順番が（男、男）（男、女）（女、男）（女、女）の4つの場合のうち後2者だけ可能性として残ったので、（女、女）は$1/2$。**4**は、教授が思い浮かべた順番で（男、男）（男、女）（女、男）（女、女）の4つの場合のうち（男、男）のみが除外されたので、（女、女）は$1/3$。

つまり、女子1人の存在という情報を得る方がともに「聞く」である**3**と**4**においても、あと1人が女子である確率に違いが生ずるのだ。**1**と**2**の違いも「聞くと見るでは大違い」式のものでなかったことがわかるだろう。

さてそれでは、「2人とも女子」という仮説の確率が$1/2$、$1/3$と異なる原因はいったい何だろうか。記述式に言葉で説明していただきたいのだが、その前に、いろんな設定で類題を解いてみよう。

類題：受講生が2人であるクラスそれぞれにつき、「2人とも女子である確率」を求めよ。

5 「学籍番号の若い方の受講生は？」と教授に訊ねたら、答えは「女」

6 「受講生の中に存在する性別を適当に言ってください」と教授に訊ねたら、答えは「女」

7 「質問しないうちに教授がたまたま『この授業の女子が……』と自発的に語った場合

8 受講生2人のクラスを担当している教授たちに自由にしゃべってもらい、受講生の女子に関するセリフを1つ適当にピックアップして（男子に関するセリフは無視する）、「ではその教授のクラスで2人とも女の確率は？」と考える場合

答え◎ 5学籍番号順に（女、男）（女、女）の場合のみ可能性として残っているから、（女、女）の確率は$1/2$。

6教授が思い浮かべた順に（男、男）（男、女）（女、男）（女、女）の4通りのうち、後2者のみ可能性として残っているから、（女、女）の確率は$1/2$。

7教授が話題にする可能性の高かった順に（男、男）（男、女）（女、男）（女、女）の4通りのうち、後2者のみ可能性として残っているから、（女、

女)の確率は$1/2$。

8 女が少なくとも1人いることが確実に保証された設定での話だから、たとえば学籍番号順に（男、女）（女、男）（女、女）の3通りのうち（女、女）の確率は$1/3$。

9 それではいよいよ、設定によって$1/2$と$1/3$の違いが出るのはなぜか、記述式にポイントを述べてください。

答え◎男と女が1人ずつの場合に注目しよう。**1**や**3**では、たまたま先に見られた（名が挙がった）のが女子だったというパターンであり、逆に男が目撃される（名指される）可能性もあった。**2**や**4**では、「女子がいれば」という形で答え方の指定がされているため、男が言及される可能性はなかった。したがって、男の存在が出てこなかったというデータが、自由度の高い**1 3**では（女、女）の確率を高める強い証拠となり、制約下にある**2 4**ではさほど強い証拠にはならないのである。

　7と**8**の場合も同じ。**7**では制約がないので証拠価値が高く、**8**ではセリフの内容が選択されているため証拠価値が低い。

　問題とする性別とは逆の性の存在がデータとして得られる可能性があったかどうかが、$1/2$と$1/3$の違いを生んだわけである。

067
ベルトランの箱のパラドクス
Bertrand's box paradox

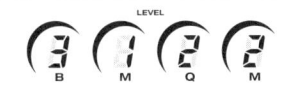

LEVEL　3 1 2 2　B M Q M

　3つの箱がある。それぞれ仕切りによって2つの小部屋に分けられており、1つずつコインが入っている。入れ方は次のとおり（箱の外側に番号はついていないので、中を見ないうちは見分けがつかない）。

箱1　| 金 | 金 |

箱2　| 銀 | 銀 |

箱3　| 金 | 銀 |

1 箱を1つ適当に選んで、それが箱3である確率はいくらだろうか。
2 箱を1つとって小部屋を1つ開けてみたら金だった。もう1つの小部屋に銀が入っている確率はいくらか。
3 箱を1つとって小部屋を1つ開けてみたら銀だった。もう1つの小部屋に金が入っている確率はいくらか。

答え◎**1** 箱は3つしかないのだから、異論の余地はないだろう。正解は $1/3$ である。
2と**3**はもちろん同じ答えになるが、「ともに $1/2$ 」と答えた人は、ちょっと考え直してほしい。箱を選んで最初に開けた小部屋内に見出されるのは金か銀かどちらかに決まっているから、金、銀が先に出る確率は五分五分だ。その両者ともにおいて、小部屋内のコインの色が異なる確率が $1/2$ というのは、適当に選んだ箱の中身が｛金、銀｝である確率が $1/2$ という意味である。しかしこれは、**1**の正解である「箱3を選ぶ確率は $1/3$ 」と矛盾してしまう。

4 はて、どちらが正しいのだろう？

答え◎**1**の本当の正解は $1/2$ なのだ、とは言わないように。小部屋の左右を区別すれば（金、金）（銀、銀）（金、銀）（銀、金）の4通りがあって、（金、銀）（銀、金）は2通りを占めるから $1/2$ 、とするのは間違いだ。箱の数が始めから3つと決まった上で内容を割り振っているので（ここが前問【百聞は一見に如かず？】と異なる）、（金、銀）（銀、金）は合わせて全体の $1/3$ に制限されている。
　となれば、**2 3**の正解は、$1/2$ ではなく、$1/3$ でなければならない。小部屋を1つ開けてみたら金だったということは、もう1つの小部屋も金である確率が銀である確率よりも高いのだ。たしかに、箱1か箱3かは、中を見るまでは可能性が同等だが、小部屋を1つ開けてみて金だとわかれば、箱3の確率が減る。箱3ならば銀が出る可能性もあったのに、金が出たということは、箱3である見込みが少なくなったのだ。
　小部屋を単位として数えると、金を含む小部屋は3つで、そのうち2つが箱1に属する。こうして、金を見た後では、箱3である確率はもはや $1/2$ ではなく、$1/3$ なのである。

Michael Clark, *Paradoxes from A to Z*, Routledge, 2002

068
庭のパラドクス
principle of indifference

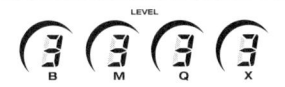

　A氏の田舎の別荘にあなたは初めて招待される。その別荘の庭はちょうど正方形で、1辺が10メートル以上20メートル以下であることだけがわかっている。A氏の経済状態や庭の使途についてはあなたは何も知らない。

1　A氏の庭の1辺が15メートル以下である確率はいくらだろうか。

答え◎10〜20メートルのあらゆる可能性の中で、10〜15メートルの占める割合は$1/2$だから、確率$1/2$。それが常識的な答えであるように思われる。
　しかし、事はそう簡単ではない。問題文にたまたま1辺の長さが表面化していたからこの答えになったが、もしも庭の面積が明示されていたとしたらどうだろう。つまり全く同じ状況を次のように問うこともできた。
　「A氏の庭はちょうど正方形で、面積が100平方メートル以上400平方メートル以下であることだけがわかっている。さて、庭の面積が225平方メートル以下である確率はいくらだろうか」
　庭の面積が225平方メートル以下というのは1辺が15メートル以下ということだから、もとの問題文と全く同じ問いである。しかし面積を主題にして問われると、次のように答えたくならないだろうか。100〜400平方メートルのあらゆる可能性の中で、100〜225平方メートルの占める割合は$125/300$だから、確率は$125/300 = 5/12$。

2　はて……？　A氏の庭の1辺が15メートル以下である確率は$1/2$かつ$5/12$。矛盾している。どっちが正しいのだろう。

答え◎立方体について同じような問いを作れば、3通りの矛盾した確率が出てくるだろう。その他にも、確率が一通りに定められない例はたくさんある。
　ある状況について無知であるとき、その状況のとりうるあらゆる可能性を均等に扱って確率を平等に割り振る原理を「無差別原理」という。仕掛けが

あるかどうかわからないサイコロを振る場合、6が出る確率は、ともかく目の数で均等に割って$1/6$としよう、というのも無差別原理ゆえだ。しかし合理的にみえるこの無差別原理を、1辺に適用した場合と面積に適用した場合とでは、同じ量についての確率が食い違う。何を無差別原理の対象とするかという決断によって、確率が違ってしまうのだ。

　このトラブルは、背景をはっきりさせないと、確率の問いには答えにくいことを示している。土地の値段が何によって決められたのかとか、A氏の庭の使途が何であって、広さと幅のどちらが重要なファクターだったのかとか、さまざまな背景事実を知ったうえで初めて、辺と面積のどちらを基準とすべきかが決められるだろう。それが定まらないうちは、$1/2$と$5/12$の中間の値を正解として選んでおくくらいがせいぜいだろう。

📖 Elliott Sober, "Bayesianism――its scope and limits", Richard Swinburn, ed., *Bayes's Theorem*, The British Academy, 2002.

📖 三浦俊彦『論理サバイバル』(二見書房) ⇒ 093【ワインと水のパラドクス】

069
アレのパラドクス
Allais' paradox

LEVEL
B 0
M 1
Q 2
X 3

次の2つのくじA、Bの一方に1度だけ参加することになった。

くじA：100枚のくじを引いて、どれを引いても50万円が当たる。
くじB：100枚のくじを引いて、うち10枚が250万円、1枚が0円、残り89枚が50万円の当たりくじになっている。

あなたはどちらを選ぶだろうか。いやそれよりも、「ヒューリスティクス3部作」「フレーミング3部作」方式で。一般に大多数の人は、くじA、Bのどちらを好む傾向があるか、当ててください。

答え◎ある行動の損得は、期待効用によって決められる。期待効用とは、その行動で得られそうな「利得の大きさ」（効用）と、その利得が生ずる確率

とを掛け合わせた値だ。人間が合理的であるならば、個々人は「期待効用」の大きいほうの行動を選択する、と考えられる。それが「期待効用仮説」だ。

056【交換のパラドクス】のときの要領で、期待効用を計算してみよう。

くじAは、何を引こうが50万円だから、1回引くと期待効用は50万円。

くじBは、確率$1/10$で250万円、確率$1/100$で0円、確率$89/100$で50万円なので、1回引くと期待効用は$1/10 \times 250$万円$+ 1/100 \times 0$円$+ 89/100 \times 50$万円$=69$万5千円。

こうして、くじBのほうが得である。

さて、期待効用仮説に対する反省を促す素材として、フランスの数学者モーリス・アレが提示したのが問題文のクイズである。この問題を多くの人に出して実験した結果、大多数の人はくじAを選んだというのだ。これは期待効用仮説に反した選択であり、「0円という極度に損な可能性（リスク）を含む選択は回避する」という人間の傾向を示すものとされる。

しかし私自身は、この問題を見たとき、計算するまでもなく直感的に「断然くじBがいい」と思った。くじAが好まれるというアレの調査結果がどうも信じられなかったので、実際に女子大の1～4年生の4クラスでこの問題を出してみた。

結果は、くじAを選んだのが14人、くじBを選んだのが70人で、圧倒的にくじBが人気だった。期待効用仮説に合致している。

係留ヒューリスティクスを避けるため、「くじB：1枚が0円、89枚が50万円、残り10枚が250万円」などと金額の表示順番をクラスによって変えたりしてみた。しかしどのクラスでも同じような比率でくじBが好まれたのである。調査対象はリスク選好の著しい学生に偏っていたわけではなく、むしろリスクを嫌う傾向のある普通のおとなしい女子学生たちばかりである。学生の国籍は日本と中国で、計9人いた中国人学生は全員がくじBを選んだ。

フランスやアメリカでの調査結果と、私の調査結果が食い違うのはなぜだろうか？

欧米人の考え方と東アジア人の考え方が違っていて、東アジア人のほうが確率的だということなのだろうか。東洋人は西洋人に比べ、物の見方が分析的でなく全体論的であり、個性より関係に着目し、論争の決着より中庸や妥協を重んじるといわれる（東洋人と西洋人の認知プロセスの違いについては

後の088【三単語クイズ】、089【後知恵バイアス】で確認します）。確率や期待値の考えは、個々の極端な例にあまり左右されない複雑パターンの「妥協点」を求める発想であるため、東洋型思考のほうが真相を見抜きやすいということかもしれない。

とすれば、「アレのパラドクス」は実は神話にすぎないということになる。西洋人のみを実験対象とした不完全データが一人歩きして、「人間の心の不思議」を強調したい学者たちによって誇大宣伝されてきたのではなかろうか。アレが設定したような、期待効用の比が約5：7などという大差ある選択においては、東洋人も含めた人間一般は、概して合理的に行動する、というのが当然だろう。

教科書の心理学実験報告を鵜呑みにしてはいけないのだ！

Ian Hacking, *An Introduction to Probability and Inductive Logic,* Cambridge U. P., 2001

第 7 章
論証を尽くして天命を待つ巻
憶説から仮説そして定説へ

070
空のパラドクス
paradox of ku

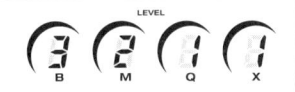

LEVEL
B 3　M 2　Q 1　X 1

「世界は永遠の無常である」「すべては虚妄である」といったニヒリズム（虚無主義）思想に対して、こう批判されることがある。
「すべてが虚妄（無常、無、空、……）ならば、そのニヒリズム思想そのものも虚妄ということになる。ニヒリズムは自己否定的な議論であり、矛盾している！」
　虚無主義に対してだけでなく、相対主義に対しても同様の批判がしばしばなされる。このパターンの批判を「批判A」と呼ぼう。
　そこで、虚無主義側からの再反論（再批判B）を見てみよう。

　インド仏教の論師ナーガールジュナも、『ヴァイダルヤ・プラカラナ』の中で、次のように述べています。いわく、「世界が空である以上、汝の議論もまた空であって、不確実なものではないかと反論者が

> 主張するならば、その人はすでに（世界が空であるという）私の説を認めたことになるであろう」と。論争術としては、巧みな議論だといえましょう（🐚p.120）。
>
> 再批判Bは論理的に正しいだろうか？　再々批判してください。

答え◎批判Aは、次のような形式をしている。

　　　　仮定a　すべては虚妄である
　　　　　　　↓
　　　　仮定aも虚妄である
　　　　　　　↓
　　　　虚妄であるものは不確実である
　　　　　　　↓
　　　　したがって、仮定aは不確実である

　これは、仮定aが自らの真実性を確実に保証するのは不可能であることを示した「背理法」の一種である（「仮定の内容の矛盾」ではなく「仮定を真と認めることの矛盾」を示しているので、「語用論的背理法」とも呼ぶべきものである）。
　ナーガールジュナの再批判Bの誤りは、批判Aをする者が、仮定aを単に「仮定」として**提示した**のではなく「主張」として**使用した**かのように見なしたことだ。批判Aは、仮定aを主張した（認めた）わけではなく、かりに設定して、その論理の範囲内で何が結論として導かれるかをシミュレーションしただけなのである。
　その結果として「仮定aは不確実」という結論が導かれた以上、仮定aを「主張」するのは間違いだ、ということが帰結する。「すべては虚妄である」という説だけは確実に正しい、と主張するのは自己矛盾というわけである。
　仮定aを「主張」したとすれば批判Aは虚無主義を認めたことになるが、批判Aは仮定aを単に「仮定」しているだけなので、虚無主義の批判に成功している。逆に、仮定aが偽である、つまり「虚妄でないものがある」と仮

定すると、不都合は起こらない。こうして虚無主義はその反対の説に比べて不利であることが証明される。

　仮定と主張とを混同したことが、ナーガールジュナの誤りであった。

　　　　　　　　　　　　　　　重久俊夫『夢幻論』（中央公論事業出版）

---

071 ヘラクレイトスのパラドクス
Helaclitus' paradox

LEVEL B3 M2 Q1 X1

　古代ギリシャのヘラクレイトスの有名な言葉「万物は流転する」は、東洋思想に似た印象を与える。仏教の「諸行無常」や老荘思想の「無為自然」とよく引き比べられるし、鴨長明『方丈記』の冒頭「ゆく河の流れは絶えずして、しかももとの水にあらず」とほとんど同じ響きが感じられる。

　ヘラクレイトスの万物流転思想は、「同じ川に２度入ることはできない」というスローガンで流布してきた。次のような議論である。

　──昨日私が踏み入った川の水と、今日私が踏み入った川の水は、別の水である。昨日足に触れた水はすでに散らばってしまったから。ところで川は水でできている。したがって、私は同じ川に２度と足を踏み入れることはできない。

❶　しかし、「同じ川に何度でも足を踏み入れることができる」のは常識なので、この議論はどこかがおかしいはずだ。おかしいところを説明してください。

答え◎昨日ヘラクレイトスが踏み入った〈何か〉は、今日ヘラクレイトスが踏み入った〈何か〉と同一である。その通りなのだが、その〈何か〉をどのように記述しても「同一である」ということが成り立つはずだと考えると、おかしなことになってしまう。たとえば、本問には「ヘラクレイトス」という文字がここまでで５回出てきたが、それらは「単語としては同じ」だが、「物質としては異なる」。つまり、言葉としては同一でも、紙の上のインクの集まりである物質としては別々の５つのものである。

このように、「端的な同一性（絶対的同一性）」を無批判に前提しつつ「相対的同一性」を無視したせいで、要らぬ問題が生じていたのだった。「aはbと同じか」を考えるとき、正確には、「aはbと同じFか」という「F」の特定をしなければ答えようがないのである。ここにいるaは、ちょうど3年前にここに座っていたbと、「同じ人間」であるが、「異なる細胞群」だ。aとbそれぞれの記述の仕方（人間として見るのか、細胞群として見るのか。川として見るのか、水として見るのか）によって同一性の正否が左右される。それが「相対的同一性」である。

2 さて、相対的同一性についてもう少し。「aはbと同じFである」「aはbと違うGである」がともに成り立つ場合、FとGは同一ではありえない。相対的同一ですらありえない。F＝Gが成り立ちうるなら、「aはbと同じFである」からただちに「aはbと同じGである」が導かれるはずだからだ。となると、「aはbと同じF」であって「aはbと違うG」である場合、FとGの関係は同一性以外のどういう関係なのだろうか。

答え◎この答えはすでに最初の問題文に書いてある。「ところで川は水でできている」という文句を見直してほしい。「ところで川は水である」とは私は書かなかった。川は、そのつどヘラクレイトスの足を濡らす水そのものと同一なのではなく、そうした一連の水で「できている」のだ。川と水の関係は、同一性ではなく、「全体と構成成分」の関係である。

　もちろん逆もありうる。粘土のカップaを壊して、その同じ粘土で皿bを作れば、「aはbと同じ粘土であるが、違う食器である」と言えるだろう。粘土と食器の関係は、川と水の関係とは逆に、「構成成分と全体」の関係である。

John Perry, Identity, *Personal Identity, and the Self*, Hackett, 2002

072
合成の誤謬、分割の誤謬
fallacy of composition, fallacy of division

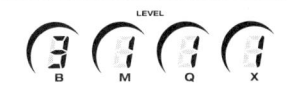

「構成成分と全体の関係」を「同一性」と取り違えると、ややこしい誤謬が生ずることを前問で見た。では、「構成成分と全体の関係」とは正確にはどのようなものだろうか。

大まかには2種類ある。1つは「部分と全体の関係」、もう1つは「要素と集合の関係」である。構成成分をα、全体をβと書くと、記号では次のように区別される。

　　A．部分と全部の関係……$\alpha \subset \beta$　　（あるいは$\alpha \subseteq \beta$）
　　B．要素と集合の関係……$\alpha \in \beta$

ただしα、βが数学的な抽象的対象であるときに限った記号化。具体的対象の場合は、比喩的に$\subset$や$\in$で表わせるだけのことも多い。たとえばAとしては、素材と作物、部品と製品の関係などがあり、Bとしては、惑星と太陽系、国民と国の関係などがある。

1 次の関係を上のA，Bいずれかに分類してください。

1．サッカーチームと選手個人　2．偶数と整数　3．国会と議員
4．この本と個々の文　5．あなたと個々の細胞
6．トカゲと爬虫類　7．あなたと人間　8．3と素数

答え◎ 1．B　　2．A　　3．B　　4．A　　5．A　　6．B
　　　　 7．B　　8．B

2 構成成分が持つ性質を、全体が持つ性質と見なす誤りは「合成の誤謬」、全体が持つ性質を、構成成分が持つ性質と見なす誤りは「分割の誤謬」と呼ばれている。

選手がみな優秀だからチームも優秀であるとしたり、個々の文が優れているからその小説は優れているとするのは「合成の誤謬」である。チームワークが悪かったり、文相互のつながりが悪かったりすれば、「優秀」という性

質は成分から全体へと引き継がれない。

　他方、「調査報告書」に収録されている各記事はどれも「調査報告書」だから、論文として見なさず分担執筆者の業績には数えまい、とする業績審査は「分割の誤謬」に陥っている。全体としては「調査報告書」である冊子の中で分業がなされていて、あるパートはデータ処理、あるパートは理論的基礎づけの論文、あるパートは執筆者略歴、ということは当然ありうるだろう。大日本帝国は凶暴な侵略国だったから当時の日本人一人一人が攻撃的な人間だったに違いない、と考えるのも「分割の誤謬」といえる。

　さて、次の考え方は、「合成の誤謬」だろうか、「分割の誤謬」だろうか、どちらでもないだろうか。

　　A「アメリカはイラク問題では世界の警察を気取っている。歴史上アメリカはいつもこうだったのだろう」
　　B「中国人留学生の保証人を引き受けたのに、卒業できたのかどうか連絡も寄越さない。中国人というのはほんとうに義理も恩も知らない国民だ」

答え◎AもBも「合成の誤謬」だと思った人が多いのではなかろうか。ある時期のアメリカの政策を、あらゆる時代の政策に当てはめているし、ひとりの中国人の振舞いが、中国人すべての性格の代表であるかのように類推している。つまり「一部から全部への推論」となっている。

　しかし、どちらも誤謬には違いないが「合成の誤謬」ではない。それぞれ、アメリカの各時代の政策、一人一人の中国人、という互いに並び立つ多数の事例のひとつから他の事例各々へと推理を広げており、「成分の持つ性質」を「全体の持つ性質」に広げてはいない。「成分の持つ性質」を「他の成分の持つ性質」へと広げているだけだ。これは「合成の誤謬」ではなく、「不当な一般化」という誤謬である。

3　確認のため、次の2つを、「合成の誤謬」と「不当な一般化」に分けてみよう。

　　A「地球も火星も公転している。よって、太陽系は公転している」

B「地球にも火星にも大地がある。よって、どの惑星にも大地がある」

答え◎Aは合成の誤謬、Bは不当な一般化。

なお、Aの結論は真である。太陽系は実際、銀河系の中心の周りを公転している。しかしだからといって、この推論が正しいことにはならない。太陽系が公転しているという認識は太陽系と銀河系にかかわる証拠から得られるべきであって、地球や火星の公転は推論の根拠として適切ではない。結論がたまたま正しくても、推論としては正しくない場合があるのである。

---

073 エピメニデスのパラドクス
liar paradox of Epimenides the Cretan

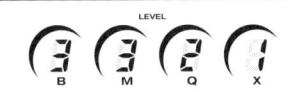

1 P, Qのうち、真偽が言えなくなって「パラドクス」に陥るのはどちらだろうか。

　　P「この文Pは真でない」
　　Q「この文Qは偽である」

答え◎どちらもパラドクスに陥るように見える。

Pを真とすると、Pの内容、つまりPは真でない、ということが正しいはずだ。Pを偽とすると、それはPの内容どおりなので、Pは真になるはずだ。よってPはパラドクスである。

Qを真とすると、Qの内容、つまりQは偽である、ということが正しいはずだ。Qを偽とすると、それはQの内容どおりなので、Qは真になるはずだ。よってQはパラドクスである。

2 P, Qを「真」「偽」どちらかだと前提したから矛盾に陥ったのだ。それでは、P, Qは「真でも偽でもない」と考えよう。「真でも偽でもない中間状態」を公認すれば、パラドクスは解消するのではなかろうか。

その戦略に沿った、次の推論は成り立つだろうか。

P「この文Pは真でない」→真でも偽でもないとすると→Pは自分が「真でない」という真なることを述べている→Pは真である→矛盾
　Q「この文Qは偽である」→真でも偽でもないとすると→Qは自分が「偽である」という偽なることを述べている→Qは偽である→矛盾

　答え◎PとQについての推論は、それぞれ同じであるように思われる。
　しかし、厳密には「同じ」とは言えない。Pは、真でも偽でもない文Pについて「真でない」と述べているのだから、真なることを述べている。はっきりパラドクスだ。
　Qのほうは、真でも偽でもない文Qについて「偽である」と述べているが、これが直ちに偽なることを述べたことになるかというと、議論の余地があるだろう。確かなのは、Qが単に「真でないこと」を述べていることだけであって、それが「偽である」とは断定できない。そもそも「真でない」と「偽である」とを区別しようというのが❶→❷の脱パラドクス化のモチーフだったので、「真でない」からただちに「偽である」としてしまうのは、端的に、その新方針に従わない決意表明に過ぎず、論理的というより頑固な姿勢ということになってしまう。
　つまり、Pはストレートにパラドクスだが、Qが依然としてパラドクスかどうかは、かなり疑わしい。
　「この文は偽である」は「単純嘘つき」、「この文は真でない」は「強化された嘘つき」と呼んで区別することが多い。Qは脱パラドクス化できるがPは解決できていない、というのが哲学界の常識になっているようだ。
　しかし、「この文は偽である」が真でも偽でもないとすると、自分について「偽である」という明らかに間違ったことを述べている以上、はっきり「偽」と見なすべきだ、という立場も自然であることは意識せねばならないだろう。
　この問題は、拙著『論理パラドクス』（二見書房）007【嘘つきのパラドクス】に対するコメントとして、私の電子掲示板に読者が書き込んでくれた記事にもとづいている。結局、PとQの相対的差異（『論理パラドクス』執筆時はそれだけに注目していた）ゆえにQがパラドクスでないと言えるかとい

うと、どうもそう言えないかもしれない、と意識させられた次第である。

http://members.jcom.home.ne.jp/miurat/bbs-2003.htm　3月17〜18日

074
ヤーブローのパラドクス
Yablo's paradox

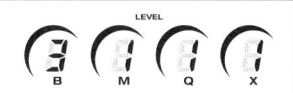

　前問【エピメニデスのパラドクス】（嘘つきのパラドクス）の原因は、「自己言及」だというのが通説である。つまり、文がその文自身について述べると面倒な循環が生じ、不条理のもととなるというわけだ。

　真偽に関するパラドクスが自己言及ゆえに発生するのだとしたら、自己言及さえなければ、エピメニデス型のパラドクスは起こらないはずだろう。

　しかし、次の一連の文を見よう。（言葉の整理・単純化のため、「偽である」という語で「真でないすべての場合」を意味することにします）

　　Ａ１　以下のすべての文は偽である
　　Ａ２　以下のすべての文は偽である
　　Ａ３　以下のすべての文は偽である
　　　　　　　　　⋮
　　Ａｎ　以下のすべての文は偽である
　　　　　　　　　⋮

　n→∞。つまり、この系列が無限に続く。
　さあ、ここには自己言及は含まれていないようだ。それでは、嘘つきのパラドクスは生じずにすんでいるだろうか？

1　まずは、Ａ１が真か偽かを決定してください。

答え◎Ａ１が真であると仮定しよう。すると、Ａ２から先のすべての文は偽

であることになる。しかしそれは不可能だ。なぜなら、Ａ２から先のすべての文が偽であるとは、Ａ３以降のすべての文が偽ということになるが、それはまさにＡ２の述べていることだから。つまりＡ２は真でなければならない。こうして、Ａ２は偽であってしかも真、となってしまい、矛盾。つまるところ、仮定が間違い。Ａ１は真ではない。

　では、Ａ１が偽であると仮定しよう。すると、Ａ２から先の少なくとも１つの文は真である。その文をＡｍとしよう。するとここで、先ほどと同じ論法が成立してしまう。すなわち、さっきのＡ１の代わりにＡｍを置く。Ａｍ＋１から先のすべての文は偽ということになる。しかしそれは不可能。なぜなら、Ａｍ＋１から先のすべての文は偽ということは、Ａｍ＋２以降のすべての文が偽ということになるが、それはまさにＡｍ＋１の述べていることだから。つまりＡｍ＋１は真でなければならない。こうして、Ａｍ＋１は偽であってしかも真。矛盾だ。つまり仮定が間違い。Ａ１は偽ではない。

2　……ああ、嘘つきのパラドクスと同じ事態が起きてしまった……。Ａ１は真でもなく、偽でもないのだ。系列Ａｎ（ｎ→∞）は「自己言及」を含んでいないはずなのに、どうしてこんな矛盾が発生してしまったのだろうか。

答え◎系列Ａｎが無限個の文を含んでいるからパラドクスが生じるのだ、というのは正解ではない。無限個の文から成る集合が全く問題を起こさない例はいくらでもある。系列Ｂｎを、「自然数ｎは２で割り切れる」だとすると、Ａ１は偽、Ａ２は真、Ａ３は偽、……、というふうに、真偽が一通りに決まる。問題ない。つまり、無限個の文を含んでいることは何らトラブルのタネではないのである。

　正解はこうである。──系列Ａｎが実は自己言及を含んでいるからである。

3　さて、系列Ａｎが自己言及を含んでいるというのはどうしてだろう。

答え◎系列Ａｎのどの文も「以下のすべての文は偽である」と述べている。これは、省略せずに述べると、「**この文より下のすべての文は偽である**」ということだ。そう、「以下の」という語が「ここ」「いま」「それ」「右」「私」

「あなた」等々と同様の指標語となっており、基準点としての自分への言及を暗黙に含んでいる。

明示されていなくても、自分自身が言及されていることは多い。一般に、日常言語は見かけと内容が異なることが多いので注意が必要だ。

逆に言うと、パラドクスを防ぐために「自己言及」を禁ずるという策は厳しすぎて、有用な多くの文を使えなくしてしまうおそれがある。自己言及の中でも「どのような自己言及が」悪いのかをさらに絞ってゆくべきだろう。

📖 Stephen Yablo, "paradox without self-reference" *Analysis*, 1993, vol.53

075
死刑を怖れれば誤審は起きない？
argument for capital punishment

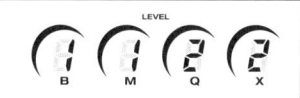

LEVEL B 1 M 1 Q 2 X 2

前提1　死刑を怖れる者がいるならば、死刑に犯罪抑止力がある。
前提2　死刑に犯罪抑止力があるならば、死刑は正義である。
前提3　誤審が防止できていないならば、死刑は正義でない。
結論　　死刑を怖れる者がいるならば、誤審が防止できている。

1 上の論証Aは、妥当な論証かどうか、判定してください。（「妥当な論証」とは、前提をすべて認めた場合は結論を認めざるをえなくなる、という形をした論証のこと）
2 結論は真であるかどうか、判定してください。

答え◎1　「論証の妥当性」は、論証に含まれる各文の「内容」ではなく、文どうしが関係しあう「形式」によって決まるので、文の意味や日本語のニュアンスに惑わされないよう、論証Aの各文を記号で表わしてしまおう。

「死刑を怖れる者がいる」をP、「死刑に犯罪抑止力がある」をQ、「死刑は正義である」をR、「誤審が防止できている」をSと書く。すると、論証Aは次のように表わされる。

　　前提1　PならばQ

前提2　QならばR
　　前提3　〈Sでない〉ならば〈Rでない〉
　　結論　　PならばS

　さて、この論証Aが妥当かどうかを即座に見て取るのはむずかしい。そこで、部分的に変形できそうなところは変形していってみよう。
　前提1と前提2をつなげると、こうなる。「PならばR」……α
　次に、前提3の対偶をとると、こうなる。「RならばS」……β
　さあ、これで早くも目標が見えてきた。αとβを繋げると、こうなる。
　　「PならばS」……γ
　γは、この論証Aの結論と同じである。
　こうして、3つの前提から、その形式だけによって、結論が導かれていることがわかる。論証Aは、妥当な論証である。
　これは、やや行き当たりばったりに変形してゆく方法だった。厳密には、次のようなアルゴリズムで論証の妥当性を判定する。前提をすべて「かつ」で繋いで、そうしてできた長い文を結論と「ならば」で繋ぎ、そうしてできたさらに長い文が、偽になりうるかどうかを調べる。偽になりえなければ、論証は妥当。偽になることがあれば、論証は非妥当。このアルゴリズムは面倒ではあるが、機械的かつ確実に、論証の妥当性の判定ができる。それほど複雑でない論証の場合は、本問でやったように、確実ではないが迅速な「行き当たりばったり変形法」で十分だろう。

2　「死刑を怖れる者がいるならば、誤審が防止できている」という結論は、真だろうか。一見して、真でないとわかるだろう。理想社会ではこの結論は成り立つかもしれないが、現実には全国民が死刑を怖れたとしても誤審を防ぐ保証は得られまい。現在の日本において、死刑判決が下るほどの裁判でどれほど誤審がなされているかは不明だが、過去には確かに無実の人に死刑判決が下されたこともあった。経験的に言って、論証Aの結論は、あまりに理想主義的であり、偽である。

3　論証は妥当なのに、結論が偽というのは、どういうわけだろうか。

答え◎論証が妥当ということは、前提がすべて真である**ならば**結論が必ず真だという意味なので、前提が真であること自体は保証されていない。論証Aは妥当であるのに結論が偽というのは、したがって、前提が真でないからに違いない。3つの前提のうち少なくとも1つが、偽だということである。実際には、3つの前提のすべてが、実情に完全には合致していない（つまり偽である）のだろう。

三浦俊彦『論理学入門』（NHK出版）第5節

---

076 権威からの論証
argument from authority

LEVEL B3 M1 Q1 X3

「地球は丸い。だって、先生がそう言ったから」
「宇宙は膨張している。なぜなら、科学者がそう言っているから」
「第2次大戦でスペインは中立を保った。なぜなら、百科事典にそう書いてある」

︙

私たちはすべての知識を自分で直接仕入れるわけにいかないので、間接的に、情報源として信頼できる「権威」に頼らざるをえない。「権威からの論証」は、おおむね正しい結論を与える、合理的な論証法である。**1** それでは、「権威からの論証」が不合理になってしまうのはどんな場合だろうか。

答え◎たしかに権威者の発言を論拠にしていても、その権威が場違いであるようなテーマ（専門の異なる分野）での結論を導くのに用いられる場合。たとえば、
「人間がサルから進化したなどということはありえない。なぜなら、聖書の内容に反するからだ」
「日本への原爆投下は間違っていた。なぜなら、あのアインシュタインも反対していたのだ」

聖書もアインシュタインも、それぞれの専門分野では権威かもしれないが、宗教の経典は生物学における権威ではないし、アインシュタインは国際政治や軍事に関する権威ではない。したがって、上の２つの「権威からの論証」は、不合理な論証である。

2 当該専門分野における権威の発言を論拠にしているのに、それでも不合理であるような「権威からの論証」もある。どんな論証だろうか。

答え◎たとえば次のようなものが挙げられる。
「量子力学は間違っている。なぜなら、アインシュタインがそう言ったからだ」
「過去への時間旅行は不可能である。なぜなら、ホーキングがそう言っているからだ」

この２つの「権威からの論証」は、たしかに、物理学の専門家の発言を根拠として物理学の命題を主張している。しかし、量子力学の正否や時間旅行の可能性は、専門家の間で意見が分かれている話題である。実際、アインシュタインは量子力学に貢献した当事者だが、アインシュタインとボーアとの論争についてアインシュタイン死後になされた実験等では、ことごとくアインシュタインが間違っていたことが証明されている。

ある権威の専門分野における発言であっても、権威どうしの見解が分かれているような場合は「権威からの論証」は使えない。認められるのは、権威らの意見が整合している場合のみである。

三浦俊彦『論理学がわかる事典』（日本実業出版社）第６章、１〜２

077
雨ニモマケズ 風ニモマケズ
intentional fallacy

LEVEL　B **2**　M **3**　Q **2**　X **2**

　前問【権威からの論証】で取り上げた論証は、発言者の能力や人格の信頼性によってその発言内容の真理性を主張するような論証だった。

「権威からの論証」には他にもいくつかのパターンがある。代表的な1つである「意図主義」を考えてみよう。

宮沢賢治の「雨ニモマケズ　風ニモマケズ」のあまりにも有名な詩。

雨ニモマケズ／風ニモマケズ／雪ニモ夏ノ暑サニモマケヌ／丈夫ナカラダヲモチ／慾ハナク／決シテ瞋ラズ／イツモシヅカニワラツテイル／一日ニ玄米四合ト／味噌ト少シノ野菜ヲタベ／アラユルコトヲ／ジブンヲカンジョウニ入レズニ／ヨクミキキシワカリ／ソシテワスレズ／野原ノ松ノ林ノ蔭ノ／小サナ萱ブキ小屋ニイテ／東ニ病気ノ子供アレバ／行ツテ看病シテヤリ／西ニ疲レタ母アレバ／行ツテソノ稲ノ束ヲ負ヒ／南ニ死ニソウナ人アレバ／行ツテコハガラナクテモイヽトイヒ／北ニケンクワヤソショウガアレバ／ツマラナイカラヤメロトイヒ／ヒデリノトキハナミダヲナガシ／サムサノナツハオロオロアルキ／ミンナニデクノボートヨバレ／ホメラレモセズ／クニモサレズ／サウイウモノニ／ワタシハナリタイ

この中の「ヒデリノトキハナミダヲナガシ」は、賢治の手帳の中の原稿には「ヒデリ」ではなく「ヒドリ」と書いてある。それが何かの事情で「ヒデリ」として出版され、流布したのだが、宮沢賢治の教え子である照井謹二郎氏によって「ヒドリ」説が復興されてから、「ヒドリ」に戻すべきだとする主張も強くなってきた。

「ヒデリ」は日照りのことであり、「ヒドリ」は花巻地方の方言で日雇いを意味する。「ヒドリ」説を採れば、賢治の詩は、日雇いでやっと生活できる小作人の貧しい生活を思い憐んでいることになる。一方、「サムサノナツ」との釣り合いから「ヒデリ」となるのが合理的だという従来の説が依然として主流である。

さてここで、詩の解釈に関する3つの美学的立場を比較してみよう。

A．現象主義　……一般に流布し公共の共有知識となった作品の姿・言葉の意味内容にしたがって作品を理解するべきである。

B．美的原理　……作品の内容が最も豊かに、作品の価値が最も高く

なるように、作品を理解するべきである。
　C．意図主義　……作品は作者が作ったものなのだから、作者の意図したとおりに作品を理解するべきである。

❶　この３つの原理に従えば、それぞれ、「ヒデリ」説と「ヒドリ」説のどちらが正しいことになるだろうか。

答え◎**A．**現象主義では、公に流布した形が本物である。流布しているのは「ヒデリノトキハ」のバージョンなので、「ヒデリ」説が正しい。「ヒドリノトキハ」としたい場合は、もとの詩とは別の詩として鑑賞するべきである。
　B．美的原理では、価値の基準をどこに置くかにより、選択すべき解釈（最高の解釈）が変わりうるので、適用が難しい。ただこの詩に関しては、大多数の研究者が、「ヒデリ」と読んだほうが内容が深くなる、ということで一致しているようである。
　C．意図主義によれば、賢治の原稿どおりに読むことを主張する「ヒドリ」説が正しいように思われる。

❷　しかし実は、意図主義者の中にも、「ヒデリ」説を支持する人がいるのだ。どうしてだろうか？

答え◎そのままが答えである。この詩を書いたときの賢治の意図が、「ヒデリノトキハ」だったという考えがけっこう有力なのだ。手帳の「ヒドリ」は、「ヒデリ」と賢治が書くつもりで書き間違えた文字だというわけである。

❸　賢治の原稿は誤記だったという説の根拠となっているのは、現象主義、美的原理、意図主義のうちどれだろうか。

答え◎誤記説はそれ自体が意図主義なので、意図主義そのものによって支えることはできない。また、現象主義が支持する「ヒデリノトキハ」の詩は、誤記説によって「ヒデリ」へと校正される以前には公共の作品として存在しなかったので、現象主義が誤記説の根拠となることもありえない。

こうして、誤記説の根拠は、美的原理である。賢治ほどの詩人ならば、「ヒドリノトキハ」などというつまらない詩を書くはずがなく、「ヒデリノトキハ」という、豊かな内容を持つ詩を書くつもりだったに違いない、というわけである。
　この一連の詩の変形の経緯は、次の３段階から成っている。
１．美的原理に基づく詩人の意図の推測→**２．**意図を絶対の基準とする作品の書き換え→**３．**こうしていったん流布し公共化した作品の姿を、公共の姿であるという理由で正統と認める現象主義による作品固定

5　さて、この３段階のうち、面倒を引き起こす可能性が最も高いのはどの段階だろうか。

答え◎第１段階は間違っている可能性が高い。作者よりも読者のほうがよく読めていて、作者以外の人がさらに詩を改善することだってできるかもしれないからだ。しかし、第１段階は有害ではない。作者の意図を「美的に最も優れた形」として定義し直しているだけだからだ。最も有害なのは、第２段階である。作者の意図と作品の真の内容とを同一視すると、作者の意図がわからない場合、私たちは遺された作品を読むことも理解することもできないことになってしまう。
　作者の意図が正しい解釈を決める、という意図主義の立場は、ニュークリティシズムの理論家によって「意図の誤謬」と名づけられ批判されて以来、不評な批評的立場となっている。

　　　入沢康夫「「ヒドリ」か「ヒデリ」か［詩にかかはるあれこれ 4］」『るしおる』4号、1989
　　　三浦俊彦『虚構世界の存在論』（勁草書房）

078
感情の誤謬
affective fallacy

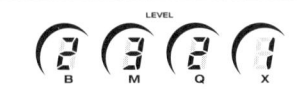

LEVEL　B2　M3　Q2　X1

　前問で見た「意図の誤謬」とネガポジをなす、芸術鑑賞上のもう１つの「誤謬」はどんなものか、推測してください（「ネガポジ」の要領は

> だいたい理解できるでしょうが、怪しい場合は008【恐喝のパラドクス】、031【予言の自己実現】、032【カサンドラのジレンマ】などを参照)。

答え◎公共の作品の言語そのものによって作品を読むのがニュークリティシズム流の「現象主義」だった。意図主義は、作者の意図という、日記や作者のクセや他の作品などを綿密に調べないとわからない「隠されたもの」によって作品を読む。では、公の現象をはさんで意図とは反対側の位置にある、もう1つの「隠されたもの」とは?

「作者の意図」は、作品を生み出す原因であることに注目しよう。「原因」の対語は「結果」。そう、作品の原因(作者の意図)→作品そのもの(公共に流布したテキストの言語)→作品の結果。この最後の項によって、真の作品の意味を摑もうとする批評的立場がありうるのである。

作品の結果とは、鑑賞者に対する効果である。作品に接して鑑賞者・読者が何を感ずるか、どのような思いを抱くか。それを基準にして作品の真の意味を決めようという立場は、ニュークリティシズムによって「感情の誤謬」と名づけられ、批判された。

一人一人の読者への効果というのは、作者の意図と同じく、公共のものではない。作品の真の姿や意味の基準として用いるのは困難である。平均的読者、典型的読者、理想的読者といった概念を設定する「受容理論」も展開されているが、その種のいろいろな読者をどうやって決めるのかがあやふやで、なかなかうまくいかないようである。

W. K. Wimsatt & M. Beardsley, "The Affective Fallacy" *The Verbal Icon*, U. of Kentucky P., 1946

079 風が吹けば桶屋がもうかる?
transitive reasoning

LEVEL: B2 M2 Q1 X1

風が吹く→砂埃がたつ→砂が目に入る人が増える→盲人が増える→三味線弾きが増える→三味線の需要が増える→猫の皮の需要が増える→猫が捕獲されて猫が減る→鼠が増える→鼠にかじられて損傷する箱が多くなる→箱屋がもうかる

LEVEL……B[純度] M[膨張度] Q[挑発度] X[緊急度]

この理屈は、十返舎一九『東海道中膝栗毛』に出てくるものだが、ここからやや変化したものが（「箱屋」→「桶屋」、その他中間段階にいくつかのバージョンが伝えられる）「風が吹けば桶屋がもうかる」である。
　これは次の2通りに読むことができるだろう。
　●A．1度かぎりの偶然の因果の不確実性を記述した一例として理解する読み方。カオス理論の「バタフライ効果」として知られる次のような現象の類例と見るのである。
　「ブラジルの密林で1匹の蝶が羽ばたきしたことにより、半年後に世界の株が暴落する」
　つまり、すべての出来事が緊密に因果関係で結びつき、些細な現象の影響が時間とともに拡大し、歴史を左右するほどの大事件の有無に発展する……、そうした予見不可能な複雑な因果関係を表わしたものと見る読み方だ。
　●B．一般的な事実を表わす、「論理的推論」の一例として理解する読み方。Aのような「経験的偶然」ではなく、次のような「論理的法則」を表わしたものと見ることができる。
　「風が吹くならば、砂埃がたつ」「砂埃がたつならば、砂が目に入る人が増える」「砂が目に入る人が増えるならば、盲人が増える」「盲人が増えるならば、三味線弾きが増える」「三味線弾きが増えるならば、三味線の需要が増える」「三味線の需要が増えるならば、猫の皮の需要が増える」「猫の皮の需要が増えるならば、猫が捕獲されて猫が減る」「猫が捕獲されて猫が減るならば、鼠が増える」「鼠が増えるならば、鼠にかじられて損傷する桶が多くなる」「鼠にかじられて損傷する桶が多くなるならば、桶屋がもうかる」以上の10個の文を真と認めるならば、次の文を真と認めるべきだ。「風が吹くならば、桶屋がもうかる」
　この論理法則は、「ならば」という接続詞が持つ、〈推移律〉という性質（途中を飛ばして最初と最後をじかに繋いでよい性質）を表わしている。言い換えると、「PならばQ」「QならばR」したがって「PならばR」という推論規則（「仮言三段論法」と呼ばれる）をいくつも合成したものを表わしている。

1 さて、一般に諺のようにして流布している「風が吹けば桶屋がもうかる」は、A、Bどちらの解釈で理解するのが正しいだろうか。そしてその理由は。

答え◎Aのカオス理論的な解釈が多数派だろう。「エコロジカルな視点、複雑系の認識」の一例としてこの「風が吹けば桶屋がもうかる」の論理を出している記事は数多い。

しかし、文面を文字通りにとるかぎり、「風が吹けば桶屋がもうかる」は、Bの解釈で読むべきであろう。なぜならば、推論の中の一連の文に出てくる「風が吹く」「砂埃がたつ」「盲人が増える」等々、「桶屋がもうかる」にいたるまでどれも、一般的命題を表現していることが明らかだからである。「風が吹いた」「砂埃がたった」「盲人が増えた」……「桶屋がもうかった」のように過去形で述べられておらず、現在形であるところがポイントだ。過去形ならば、あるとき1度限り起こった個性的なバタフライ効果の有様を記述したものと見なせるだろう。しかし現在形の文は、特定の事実ではなく、一般的事実を表わすのに用いられる。したがって、「風が吹けば桶屋がもうかる」は、カオス理論の表現としてよりは、論理法則を表現していると見なすのが適当なのである。(ちなみに『東海道中膝栗毛』では、強風のおりに箱を買い占めた男が結局大損をしたという「反カオス的」エピソードになっている。)

080 ドミノ倒し論法
mathematical induction

LEVEL B3 M3 Q2 X2

グループAに属するメンバーがどれも、性質Pを持っているということを証明するためには、メンバーを一つ一つ全部調べればよいだろう。「日本人は誰もが体重を持つ」ことを証明するには、日本国の戸籍に載っているすべての人について、体重があることを確かめればよい。

しかし、メンバーの数が無限だと、この虱潰し法は使えない。「論理」にもとづいた工夫が必要になってくる。無限個のメンバーのすべてが特定の性質を持つということをさかんに論じる分野の代表は、数学だろう。

「自然数nはどれも、性質Pを持つ」ことを証明したい場合、数学的帰納法（ドミノ倒し論法）というアルゴリズムを使う。

nが性質Pを持つことをP(n)と書くことにして、
1．P(0)は真である。（最初の自然数は性質Pを持つ）
2．任意の自然数kに対し，P(k)が真であれば，P(k+1)も真である。（ある自然数が性質Pを持てば、次の自然数も性質Pを持つ）

この2つの条件が成立するならば、任意の自然数 n についてP(n)は真であることになる。条件1で最初のドミノが倒れれば、条件2によって次々とすべてのドミノが倒れてゆく、という理屈だ。

1 数学的帰納法で、次の命題を証明してみよう。
「自然数nはどれも、$2^n > 2n - 1$という性質を持つ」。

答え◎条件1，2を律儀に当てはめてみよう。
まず条件1は、$2^0 = 1 > 2 \cdot 0 - 1 = -1$で、成立する。（どの数も、0乗すると1になる）
次に条件2。$2^k > 2k - 1$と仮定したとき、$2^{k+1} > 2(k+1) - 1$が成立するかどうかを見る。これはつまり、次のことを示せということだ。
$2^k - (2k - 1) > 0$ ならば $2^{k+1} - (2(k+1) - 1) > 0$
よって、第1式の左辺より、第2式の左辺が小さくないことを示せば十分だろう。つまり、$2^{k+1} - (2(k+1) - 1) \geqq 2^k - (2k - 1)$ かどうかを見る。
$2^{k+1} - (2(k+1) - 1) - (2^k - (2k - 1))$
$= 2^k \times 2 - (2k + 1) - 2^k + 2k - 1$
$= 2^k - 2$　　これは、kが1以上の自然数のとき0以上となる。
こうして、条件1，2が成立する。よって、数学的帰納法により、任意の自然数につき、$2^n > 2n - 1$が証明できた。

2 次の数学的帰納法A，B，Cは正しいだろうか。正しくないとしたら、

その理由は。

A． 1．0は美しい数である。
2．任意の自然数kに対し，kが美しい数ならば，k＋1も美しい数である。
結論　したがって、すべての自然数は美しい数である。

B． 1．0は大きくない数である。
2．任意の自然数kに対し，kが大きくない数ならば，k＋1もまだ大きくない数である。
結論　したがって、すべての自然数は大きくない数である。

C． 1．私は0を愛する。
2．任意の自然数kに対し，私はkを愛するならば，k＋1も愛する。
結論　したがって、私はすべての自然数を愛する。

答え◎Aの「美しい数である」、Bの「大きくない数である」、Cの「私が愛する」という性質は、どれも曖昧な性質である。したがって、どの数学的帰納法も怪しいように見えるが、はっきり正しくないのは、Bだけである。

　Bが間違っているのは、条件2が文字通りには成り立たないからだ。「大きくない」という性質は、kとk＋1とを区別するための本質に関わっている。kとk＋1との差は微々たるものではあるが、「大きくない」という性質の意味にかかわっているので、条件2の2つの「大きくない」という語の意味は微妙に違う。正確には条件2は「任意の自然数kに対し，kが大'きくない数ならば，k＋1は大"きくない数である」といった区別付きで書かれねばならない。同一形容詞が反復されてはいないので、ドミノ倒しは使えないのである。

　「美しい」「私が愛する」は、kとk＋1とを区別する本質とは関係なく成り立ちうる性質なので、文字通りの条件2が成立しうる。条件1，2からドミノ倒しを使うことができ、結論が導かれる。

　ただしA，CのみならずBも、条件1，2が正しい「ならば」結論が正しいという意味では、「正しい」推論である。Bの欠点は、ひとえに、前提の1つである条件2が正しい言葉で表現されていないため、本来使えないはず

の数学的帰納法が使えるかのような見かけをしていることである。

三浦俊彦『論理パラドクス』（二見書房）⇒ 053【山のパラドクス】

081 黄金の山
The golden mountain

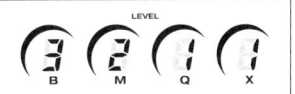

LEVEL 3 2 1 1
B M Q X

　全体が純金のみで出来ている8000メートル級の山を考えよう。そんな黄金の山は地球上に、そして宇宙のどこにも存在しないだろう。しかし、私たちは容易に黄金の山を考えることができるし、黄金の山について真なる文を語ることができる。
　　黄金の山は金属の山である。
　　黄金の山を見た日本人はいない。
　　黄金の山は無生物である。
　　黄金の山はダイヤモンドの山とは色が異なるだろう。
　　黄金の山は存在しない。
　これらは、直観的にみると、どれも正しい文と言いたくなるだろう。しかし、正しい文であるからには、主語で各指された対象が持っているある性質を、述語が表わしているに違いない。つまり、「黄金の山」という語句はある対象を指し示しているはずで、その対象とはまさに黄金の山そのものだろう。つまり、黄金の山は存在するのである。
　しかし現に「黄金の山は存在しない」という文が真なのだから、黄金の山は存在するはずがない。なのに、主語が何物かを指し示す以上、黄金の山は存在せねばならない。この矛盾をどう説明したらいいだろう。

答え◎「黄金の山」「日本の大統領」「サンタクロース」のように、存在しないが話題の対象となるものは、「存在しない」という性質を持つ対象として「ある」のだ、とする考えが1つ（「マイノング主義」と呼ばれる）。この世には存在しないものがある、というわけで、「存在する」と「ある」とを区別し、前者よりも後者のほうが範囲が広いとするわけだ。言い換えると、諸対象の中で「存在する対象」はごく一部だというのである。

第2に、次のような考えもある。具体的な黄金の山は「存在する」こともないし「ある」ことすらないが、抽象的な黄金の山なら、「ある」ばかりか「存在」さえすると言える、という立場だ。抽象的な黄金の山とは、黄金の山の観念もしくは意味のことである。黄金の山の観念（意味）という抽象的対象が「黄金の山は金属の山である」等々の主題となっているというのだ。この考えだと、「黄金の山は存在しない」という文は、具体的な黄金の山については正しいが、抽象的な黄金の山については偽だということになる。
　しかし最も納得のゆく第3の説は、現代論理学の線に沿った次のような分析ではなかろうか。
　「黄金の山は金属の山である」の主語は、実は「黄金の山」ではない。この文は、主語＋述語という形式の文ではなく、不特定の「任意のもの」を主語とする文である。その本当の形式へとパラフレーズするとこうなるだろう。
　「任意のものについて、もしそれが黄金でありかつ山であるならば、それは金属でありかつ山であるだろう」
　「黄金の山」は、「黄金でありかつ山である」というふうに、述語の地位を占めることになる。主語に相当する「もの」は、つねに具体的な物である。「黄金の山」という述語にあてはまる具体物が〈もし〉あれば、その物には「金属でありかつ山である」という述語もあてはまるだろう、と述べているので、この文は真ということになるのである。
　第1の説は、文字通りの意味を強引に押し通す考え方、第2の説は、曖昧な単語を明晰に区別してゆく方法、第3の説は、単語レベルにとどまらず文レベルで、文法そのものを再解釈し、隠れた真の文法を明るみに出そうという過激な方法である。
　この3つの戦略は、言葉の解釈といった本問のような文脈を越えて、いろいろな場面に登場してくる。場合によってそれぞれの特徴が有用である度合が異なるだろう。概して、宗教や芸術では第1の立場が、批評や政治経済、教育では第2の立場が、科学と哲学では第3の立場が有力となり、尊重される傾向にあるように思われる。

082 ラッセルの記述理論
Russell's theory of description

LEVEL B3 M1 Q2 X1

　前問【黄金の山】では、主語である「黄金の山」は、黄金かつ山である任意のもの、英語で言えば不定冠詞つきの a golden mountain であることが暗黙の了解となっていた。しかし哲学界で問題となってきたのは、そうした「不確定記述」ではなく、むしろ定冠詞つきのthe golden mountainのような「確定記述」だった。不確定記述は、それに当てはまる対象が本当に存在するかどうかについてもともとペンディングにされているニュアンスがあるのに対し、確定記述はthe付きなので、指し示される対象がただ1つ存在していることが前提となっている。
　aとtheの区別は、英語を学ぶときに日本人が苦労する概念の代表だろう。英米の言語哲学が日本人に馴染みにくいのも、日本人の世界観にはaとtheの区別がもともと存在しないからかもしれない。
　しかし、不確定記述と確定記述を区別する簡便な品詞が日本語にないからといって、確定記述と不確定記述の区別そのものが日本語にないことにはならない。確定記述の極端な形態である固有名詞は、1つの発話場面では厳密にただ1つのものを指し示すことが了解されている。「あのときのアメリカ大統領」「あの犬」といったように、固有名詞の代わりに記述を用いるとき、日本人も、確定記述を使っているのである。
　「20世紀最後の日本の大統領」という確定記述を考えよう。もちろんその確定記述が指し示す人物などいない。しかし、そのような「いない人物」についても、私たちはいろいろなことを語れる。

1　さあそれでは、確定記述「20世紀最後の日本の大統領」について述べた次のさまざまな文の、真偽の判定をしてください。

　A．20世紀最後の日本の大統領は男である。
　B．20世紀最後の日本の大統領は日本人である。
　C．20世紀最後の日本の大統領は大統領である。
　D．20世紀最後の日本の大統領についてあなたは今考えている。

> **E.** 本書には、20世紀最後の日本の大統領に言及したページがある。
> **F.** 20世紀最後の日本の大統領は男ではない。
> **G.** 20世紀最後の日本の大統領はいない。

答え ◎Ａは、いない人物の性質を勝手に定めており、偽である。ＢとＣは、真だと感じる人もいるかもしれない。「20世紀最後の日本の大統領」が〈もし〉いれば、それは日本人であり、当然大統領だったに違いあるまいから。しかし、ＢもＣもハッキリ偽である。theで特定できるその対象がないのだから、「それが」日本人であったり大統領であったりすることはありえない。

　ＤとＥはどうだろう？　これも、一見正しそうに見えるが、偽である。「20世紀最後の日本の大統領」という観念をあなたは今思い浮かべており、考えているが、それはあくまで観念であって、「ザ・20世紀最後の日本大統領」などではない。

　むずかしいのは、ＦとＧである。Ａが偽なのだからＡの否定が真で、だからＦは真だ、と考えてよいだろうか。

　実は、Ｆには２通りの読みがある。

> **Ｆ１**……「ザ・20世紀最後の日本大統領は、〈男ではない〉という性質を持つ」
> **Ｆ２**……「『ザ・20世紀最後の日本大統領は、男である』という事実はない」

　Ｆ１は、Ａ〜Ｅが偽であったのと同じ理由で、偽である。「ザ・20世紀最後の日本大統領」と呼びうる何かが、女であるとか、スーパーコンピュータであるとかいった性質を持つことは不可能だからである（なにしろ存在しないのだから）。ところがＦ２は、単純にＡを否定した文なので、論理学の法則により、偽の否定は真、よって真となる。

　Ｇについても全く同様に考えればよい。

> **Ｇ１**……「ザ・20世紀最後の日本大統領は、〈いない〉という性質を持つ」
> **Ｇ２**……「『ザ・20世紀最後の日本大統領は、いる』という事実はない」

　Ｇ１は、Ａ〜ＥおよびＦ１と同じ理由で、偽。Ｇ２は、「ザ・20世紀最後の日本大統領は、いる」が偽である以上、それを否定しているから、真。

「存在しないもの」について述べた文は、一般に、必ず偽になるのだが、F２、G２のように、「存在しないもの」について述べた文そのものについて述べた文は、真になりうるのだ。なぜなら、直接に「存在しないもの」について述べたわけではないからである。

2 Cが真だと思い込んでいる人（太郎）がいる。次の文の真偽を判定してください。

　　C'．20世紀最後の日本の大統領は、大統領であると太郎は信じている。

答え◎これも、FやGと同じように２つの意味に分けて考えるとよいだろう。
　　C'１……「20世紀最後の日本の大統領は、〈大統領であると太郎に信じられている〉という性質を持つ」
　　C'２……「『20世紀最後の日本の大統領は、〈大統領である〉という性質を持つ』という文は真だと、太郎は信じている」
　　C'１は偽であり、C'２は真である。

3 さあ、確定記述の極端な形態である固有名詞について考えよう。次の文の真偽を判定してください（**1 2**にならって、２通りの読みに分けてから）。

　　H．虚構の人物ハムレットは復讐を遂げた。

答え◎Ｈ１とＨ１'は偽であり、Ｈ２は真である。
　　Ｈ１……「ハムレットは、〈復讐を遂げた虚構の人物である〉という性質を持つ」
　　Ｈ１'……「ハムレットは、〈虚構の中で復讐を遂げた人物である〉という性質を持つ」
　　Ｈ２……「『ハムレットは、〈復讐を遂げた人物である〉という性質を持つ』ということが虚構の中で成り立つ」

「存在しないもの」を指し示すかにみえる言語表現の取扱い方を体系的に

論じたこの理論が、バートランド・ラッセルの「記述理論」だ。哲学の歴史では珍しく問題解決の処方箋をはっきり示してみせた学説である。

　　　三浦俊彦『虚構世界の存在論』（勁草書房）第4章第1節
　　　三浦俊彦『論理パラドクス』（二見書房）⇒ 021【矛盾律】、022【排中律】

083 ヒュームのパラドクス
Hume's logical positivism

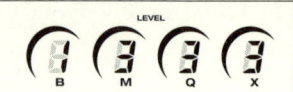

LEVEL B1 M3 Q3 X3

　043【ヒュームの懐疑主義】で登場したデイヴィッド・ヒュームの『人間知性研究』（1748年）、その末尾の有名な一節を見よう。

　　一巻の書物を手にとってほしい。神学の本でも、スコラ哲学の本でも。そこで尋ねてみよう。それは量や数についての抽象的な推論を含むか。否。それは事実と存在についての実験的な推論を含むか。否。それならその本を火に投げ込んでしまえ。そこには詭弁と幻想の他には何も書かれていないのだから。

　ヒュームのこの一節は、20世紀の「論理実証主義」の初期の考えを200年近く前に先取りした知識論である。
　ヒュームの考えを、「書物」単位ではなく「文」を単位として書き換え、現代風に次のような「原理α」としてまとめてみよう。

　原理α「数学・論理学の演繹的推論か、感覚に帰着する実証的なデータか、そのいずれによっても支持できない文は、無意味である」

　この原理αによれば、たとえば、「昨夜の地震は神の思召しである」という文は、何も意味しない。「神の思召し」による出来事と、そうでない出来事とを区別する基準がないからである。
　さてここで難題が生ずる。ヒューム・論理実証主義者の原理αは、文

の有意味性の基準を述べているが、原理αそのものも文である。原理αが有意味であるためには、原理α自身の基準に合格していなければならないはずだ。

ところが、原理αは「量や数についての抽象的な推論」を含んでいるだろうか。否。事実と存在についての実験的な推論を含むだろうか。否。すると原理αそのものは、無意味な文ということになる。さあ困った。原理αは、自らを無意味として切り捨ててしまう原理であるようだ。

自己矛盾的状況に陥った原理αを救い出せる理屈はあるだろうか。

答え◎自分の主張する基準を自分に当てはめるとうまくいかなくなるという点で、020【プラグマティズムのパラドクス】や070【空のパラドクス】と似ている。論理実証主義の主張は「自らを無意味な形而上学として拒絶してしまう」ゆえに成り立ちがたいとされ、有意味性の基準を緩めるさまざまな試みがなされた。

しかし基準を緩めることなく原理αの有意味性を確保する方針は考えられる。原理αは、「真実を述べると称する文」にのみ適用されるものと考えるのだ。もともと真実の記述とは無縁の文——たとえば「窓を閉めてくれ」といった命令文、「なんて綺麗な蝶なんだろう」といった感嘆文、「神を信ずるのは賢明でしょうか？」といった疑問文、「古池や蛙飛び込む水の音」のような芸術表現の文などは、もともと真偽にかかわる平叙文とは目的が違うので、原理αが適用されるべきではない。原理αは、真偽どちらかであるはずの文に限定適用される原理として理解するべきだろう（実際に、ヒュームは学問的な書物について述べている。論理実証主義者のカルナップも、ハイデガーのことを無意味な言葉を羅列するペテン師だと非難しながら、ニーチェについては、明確に詩の形で著述しているから非難されるべきでない、と評価している）。

そうしてみると原理αは、それ自体は真偽の言えない指令のようなものといえるだろう。「この指令にしたがって無意味な文を捨て去っていけば、誠実な学問の進歩が約束されるのでは？」という提案なのだ。文の有意味性の基準を述べた「メタ文」と言えるだろう。

同じ方針で、020【プラグマティズムのパラドクス】や070【空のパラドク

ス】に応ずることもできそうである。ただし、「有意味な文」「真なる文」というふうに対象の限定された原理αやプラグマティズムとは違って、「この世のすべて」について述べている「仏教のニヒリズム」は、自らに自らの基準を適用せざるをえず、「空のパラドクス」を逃れることはできないかもしれない。

A．J．エイヤー『言語・真理・論理』（岩波書店）

084
数の原子
atomic mathematical entity

LEVEL B:3 M:1 Q:1 X:1

　足し算と掛け算だけが許されるシステムを考える。素材としての数をなるべく少なくしておき、足し算と掛け算を繰り返すことでなるべく多くの整数を作り出したい。入力は最小で出力は最大に、能率よくやりたいのだ。同じ数は何度使ってもよい。うまく節約すれば、たった1種の数から全ての整数を作り出せそうである。さて、その数は何だろう。

答え◎基本的な数というと、0や1を思い浮かべる。しかし、1から始めて何回足し算と掛け算を繰り返しても、マイナスの数は作り出せない。そこで−1という正解が出てくる。−1ならば、自乗すれば1が得られ、1と自分とを足せば0が得られ、もちろん自分を足し合わせていけば負の整数を全部作り出せる。

　1よりも−1の方が「基本的な数」だというのは、一瞬、意外な感じがしないでもない。数学の範囲をもっと広げると、同じ理由で、虚数単位i（自乗すると−1になる数）という一見ポピュラーでない数こそが、最も基本的な数になることは推測できるだろう。

　これはちょうど、日常の世界を理解するのに、分子とか、原子とか、電子とか陽子とかいった、日常なじみのない実体を単位として考えるとすんなり体系化される、というのと同じだ。机とか犬とか太陽とかいった日常馴染んでいるものこそ「基本的」と考えてそれらを単位としてしまうと、とてもではないが世界は複雑すぎ、ごちゃごちゃして見通せない。馴染みの薄い単位

へといったんバラす。急がば回れ、が科学の基本なのである。

📖 吉田武『はじめまして数学〈2〉』(幻冬舎)

085 オッカムの剃刀
Occam's razor

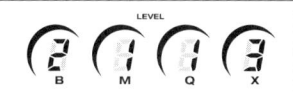

LEVEL B2 M1 Q1 X3

　常識でも学問でも、理論の良し悪しを判定するさいのリトマス試験紙として、「オッカムの剃刀」という重要な基準がある。いろいろな言い表わしかたがあるが、流布している2つの表現で見てみよう。

　A「同じ事実を説明できるならば、必要な存在者が少ない理論のほうが優れている」
　B「同じ事実を説明できるならば、必要な仮定の少ない理論のほうが優れている」

　AとBは、ほぼ同じことを表わしている。ともに、「より単純な理論を選びなさい」と言っているのだ。まあ常識的な判定基準だろう（「剃刀」とは、余計な存在者を削ぎ落とせという指令の象徴表現）。
　たとえば、いま玄関の外に、バルタン星人のような声が聞こえた。ここで、次の2つの仮説をオッカムの剃刀によって比べてみる。
　　仮説1「玄関の外にバルタン星人がいる」
　　仮説2「玄関の外で誰かがテレビの宇宙人キャラクターの真似をしている」
　仮説1も仮説2も、「外でバルタン星人のような声がした」という同じ経験的事実を説明している。ただし、それぞれから導かれる一般的な理論は異なる。
　　理論1「バルタン星人は存在する」
　　理論2「テレビの宇宙人キャラクターの真似をする者は存在する」
　ここで、理論2のほうが理論1よりも、「バルタン星人」という特定の存在なしで済ませており、基準A、Bに合致している。理論2は、存

在することがわかっている人間ども以外に、新たな異星人を設定する必要がないぶん、優れているのである。
　同様の理由で、有神論よりも無神論のほうが優れた理論であり、生物特有の生気の働きで生物活動を説明する理論よりも物理学法則だけで説明する機械論のほうが優れている。
　しかし無神論や物理学はオッカムの剃刀の基準で良い理論と言えるのだろうか。たとえば物理学は、無数の素粒子の量子的動きの集積として全宇宙を記述している。しかし、素粒子の数は膨大である。一つ一つの素粒子の存在に関する仮説の数も膨大になる。そうすると物理学は、膨大な数の存在者と、膨大な数の仮説を抱え込んだ、きわめて非経済的な理論ではないだろうか。「神様の思召し」で宇宙が動いているとするほうが、はるかに経済的ではなかろうか？
　この「物理学批判」に２つの点で答えてください。

答え◎第１点。基準Ａ，Ｂの「同じ事実を説明できるならば」というフレーズを忘れてはならない。膨大な素粒子という存在者を認めることで、太陽の発熱のメカニズムから将来の予測、未知の天体の発見に至るまで、多くの事実を説明し予測することができる。「神の思召し」理論ではそうはいかない。
　第２点。素粒子の数は確かに膨大だが、その種類はきわめて限られている。量子論の体系的な法則のもとに包摂される、同質の存在者たちである。「神」や「生物生気」はなにやら非物理的な異質の存在であろう。結局、現代物理学では存在者や仮説の**数**は増えているが、存在者や仮説の**種類**はむしろ統一的になりつつある。磁気と電気は同じ力の別の現われとされ、質量とエネルギーも同じものの別の現われとされ……等々。素粒子の数を増やすことで、種類的に無限に見えたものたちを少数の種類へとまとめることができた。存在者や仮説の「数」だけでなく「質」に注目すれば、現代物理学は古典物理学や有神論よりも「オッカムの剃刀」の精神に合致しているのである。

三浦俊彦『可能世界の哲学』（ＮＨＫ出版）

086
アポロ：人類の月面着陸はウソ？
Apollo moon hoax

LEVEL B:1 M:1 Q:3 X:2

　1969年7月20日、アポロ11号が月の「静かの海」に着陸、初めて人間が月面に立った。72年までに6回にわたって計12人の宇宙飛行士が月に降り立ち、科学調査やレーザー反射板の設置、サンプル回収などを行なった。

　ところがテレビ番組などで、「人類の月着陸はウソ」「アメリカの国家威信のための捏造」という話が広まっている。陰謀説を支持する人々が本を出版したりもしている。

　捏造論者は、「写真やビデオ映像が完璧すぎる」「大気がないはずなのに星条旗がはためいている」等々の傍証を挙げて、人類の月面到達は世界を騙す演出だったと主張する。「疑いを晴らしたければアメリカ政府はただちにアポロ計画を再開するなり月面を高解像度で映して月面車や旗を示すなりすべきだ。人類の月着陸という事柄の存在を肯定する側にこそ立証責任があり、否定する側は疑いを提示すればよい。ある事柄の『非存在』を立証することはできないからだ」。

　捏造論者のこの議論を批判してください。

答え◎アポロ捏造説は、超能力やオカルトを信じていた人々が、信ずるという防御役に飽きて、疑うという攻撃役に転じた色彩が強い。捏造説の著者の中には、自らを「超能力者」と称している人もいる。むろん、このことはアポロ捏造説を否定する論理的理由にはならないが。

　アポロ捏造説の本当の難点は、立証責任の主体を間違えていることである。存在主張をする側が立証責任を負うというのは正しいのだが、存在主張を「人類の月着陸はあった」と表現すればアポロ肯定派に立証責任が課せられる反面、「アメリカによる世界規模の陰謀があった」と表現すればアポロ捏造派に立証責任が課せられる。では双方が立証責任を負うのだろうか？　そうではない。捏造派だけに立証責任がある。理由は2つ。

　第1に、アポロ肯定派は、すでに1969年に立証責任を果たした。ＮＡＳ

Aは決して秘密裏に人間を月に送ったわけではない。計画は公開されており、日本でも当日はメディア全体をアポロ月着陸が占有する大騒ぎで、ライバルのソ連を始めとする各国政府、研究機関、マスコミ、アマチュア天文家など、世界中がこぞって、現場で、電波で、望遠鏡でアポロ計画を監視していた。その監視をクリアしたのだから、すでに立証は済んだと言うべきである。現に、1度立証された公認の事実だからこそ、捏造説がウケる培地ができていた。この培地に寄生する捏造派こそ、立証責任を負う番なのだ。

第2には、「人類の月着陸」と「アメリカによる世界規模の捏造」とでは、どちらが信じがたい出来事かということ。1969年の技術で人間を月に送り込むことは確かに大仕事だったが、1969年の情報網の中で世界の注目を欺いて捏造を演じるほうが、はるかに難しかっただろう。NASAのスタッフや、月面捏造映像に関わったとされるハリウッド映画スタッフなど、何万人もの関係者全員を騙したり口封じしたりするというのは、常識外れの面倒だ。努力すれば人間を月に送れるだろうが、世界規模の隠蔽工作は努力ではどうにもならない（なお、欧米で何種類か放映された捏造暴露のTV番組は、フェイク・ドキュメンタリーというジャンルに属するフィクションである）。

一般の人々が人類月面着陸を信ずる根拠は、政府や科学者や教科書など権威の発言である。076【権威からの論証】で見たように、この根拠は必ずしも正しくない。しかし、現場において世界中の権威（政治の権威、科学の権威、報道の権威……）の意見が一致した出来事については、疑う側に立証責任が求められるべきである。「真珠湾攻撃はなかった」「ナポレオンは実在しなかった」等々、歴史書や教科書の権威を否定することはいくらでもできるが、前問【オッカムの剃刀】の基準を満たした説明によって否定論を擁護できる見込みは小さいだろう。アポロ捏造説も同じことである。

副島隆彦『人類の月面着陸は無かったろう論』（徳間書店）

第 8 章
天然情緒と人工知能の巻
心への３つの関門：脳／文化／対話

087 三つ子の魂百まで
You can't ask a leopard to change his spots

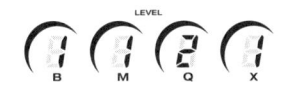

LEVEL　B1 M1 Q2 X1

　生後４カ月の赤ちゃんに、図のような物体を見せる。上下に突き出た棒は、いっしょに左右に動いている。やがて赤ちゃんは退屈してくる。そこで真ん中のスクリーンを取り除いて、背後の様子を見せる。ここで、２つの違ったパターンを用意しておく。

　パターン１：上下の棒はつながっている。１本の長い棒が動いていて、両端がそれぞれスクリーンからはみ出していたのだ。

　パターン２：上下の棒はつながっていない。２本の短い棒が、それぞれ別個に、リズムを合わせて動いていたのだ。

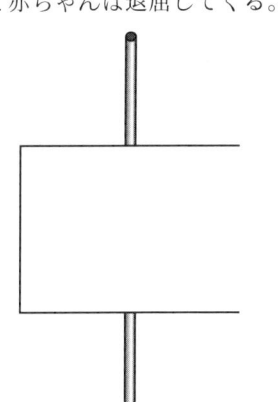

> さて、この２つのパターンのうち、どちらを見せられたときのほうが赤ちゃんは驚くだろうか（赤ちゃんの驚きは、凝視する時間によって測定することができる）。

答え◎ 本問は、タイトルがヒントである。十分に成長した人間であるあなたの反応と、同じ反応を赤ちゃんは示す。いや、逆の言い方をしたほうが正確だ。赤ん坊時代と同じ反応を、おとなも持ちつづけるのである。

だから、あなた自身の反応が正解である。そう、パターン２のとき、赤ちゃんは驚く。

同様のさまざまな実験によって、一般に赤ちゃんは、誰にも教わらなくても、次のような信念を持っていることがわかっている（つまり、これらの信念に反するような光景を見せられると驚く）。

　　ａ．物体は、他の物体を幽霊のように通り抜けることはない。
　　ｂ．物体は、自分より狭い隙間を通り抜けることはない。
　　ｃ．物体は、連続的な軌道に沿って動く。
　　ｄ．まとまって見える物体はいっしょに動く。
　　ｅ．物体は互いに接触したときだけ、互いに動かしあう。

このように、物体の連続性やまとまりや接触についての人間の基本的な直感は、一生涯変化しないようだ。これらはおそらく、自然選択によって動物が身につけてきた本能的な性質だろう。獲物や捕食者を見分け、危険やチャンスにうまく応ずるための普遍的な心の反応を、私たちは生まれながら身につけているのである。

　　　　　　　　　スティーブン・ピンカー『心の仕組み（中）』（ＮＨＫ出版）

---

088 三単語クイズ
three word quiz

LEVEL：B1　M1　Q2　X3

１ 次の３つの中から、とくに近い関係にある２つを選んでください。

　　　｛パンダ、サル、バナナ｝

2 このテストを、アメリカ人と中国人の大学生多数に行なった。アメリカ人、中国人それぞれどのようなペアを選んだだろうか（西洋人は論理的なルールで世界を認識し、東洋人は具体的文脈で世界を認識するという、よく言われる違いを念頭に置いてください）。

答え◎1 これは別に正解はない。あなたが自分の思考パターンを西洋型と東洋型のどちらだと思うか、その自己認識を**2**の答えと照らし合わせてみてください。

2 アメリカ人は｛パンダ、サル｝、中国人は｛サル、バナナ｝というグループ分けを圧倒的に多く行なった。アメリカ人は、世界を分類のもとに見ており（哺乳類と果物）、中国人は、世界を具体的場面に即して見ている（バナナを食べるのはサル）。

英語と中国語のバイリンガルは、アメリカ人と中国人のちょうど中間的な答え方をしたという。また、英語で問われると｛パンダ、サル｝が増え、中国語で問われると｛サル、バナナ｝が増えたという。しかし、バイリンガルの中でも本当のバイリンガルである複合型バイリンガル（早い時期に第2言語を習得し、多くの文脈で両言語を使う人々。各々の言語とイメージとの対応が2つに分離しておらず、融合している）は、英語で問われようが中国語で問われようが回答の傾向に相違はなかった。

こうした実験結果が、「サピア・ウォーフの仮説」（言語構造の違いが認識を決定するという仮説）の検証に対して持つ意味は深いだろう。言語ではなく文化に起因する思考差と、文化というより言語に起因する思考差とが、それぞれ見出されるからである。

リチャード・E・ニスベット『木を見る西洋人 森を見る東洋人』（ダイヤモンド社）

089
後知恵バイアス
hindsight

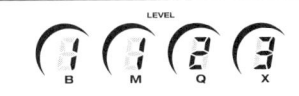

アメリカ人と韓国人の多くの人に、それぞれ短いストーリーを読ませる。「親切で信心深い学生が授業に出るためキャンパスを歩いていると、

倒れて苦しんでいる病人に行き当たった。さて彼は……」といったような、結末がオープンの、しかし大体予想がつきそうなお話だ。そして各人に結末の確率を予想させる。

アメリカ人も韓国人も、ほぼ同じような結末（「彼が病人を助ける確率は80％」）を予想した。予想の一致を確認した上で、別のアメリカ人と韓国人の人々に、同じお話の、今度は結末のついたストーリーを聞かせる。ただしこの結末は、第1グループが回答した「当然予想される結末」とは正反対の結末である（「彼は病人を助けず、授業に急いだ」）。そこで、「あなたはこの結末についてどう思うか。結末を知る前の段階では、あなたはこの学生が病人を助けた確率をどのくらいに見積もっていたか」と問われる。

ここで、アメリカ人と韓国人の回答の傾向がはっきり分かれた。次のそれぞれの回答が、アメリカ人と韓国人、どちらに多い回答であるか、推測してください。

1. 「この結末には大変驚いた。この学生は80％病人を助けるはずだと思っていたから」
2. 「この結末はさほど興味深いと思わない。この学生が病人を助ける確率は50％程度だと思っていたから」

（**ヒント**：西洋人は単純な因果的モデルを作って世界をバラバラな物の集まりとして認識する習性があり、東洋人は数多くの要因が密接に絡みあう全体論的な見方で世界を認識する習性があるという、よく言われる違いを念頭に置いてください）

答え◎単純な因果モデルを構築する人は、自分の予測が間違っているとわかれば驚く。別のモデルを探してもっと正しく世界を理解しようという気になる。他方、世界を全体論的に、複雑な要因の相互作用によって捉える人は、どんな事件にも多くの要因が働いているのだから、世界はどうにでもなりうると考えやすい。すると、予想と違っていても、「まあそういうものだろう」という「後知恵」で納得しやすいのである。

こうして、1はアメリカ人、2は韓国人。
　世界は複雑で多面的なものであるとする東洋人の見方は、世界は単純なルールで動いているとする西洋人の見方よりも、真実に近いだろう。しかし結果として、西洋型の世界観は科学を産み出し、より精緻な世界理解を可能にした。東洋人は真実をあるがままに見ながら、あえて単純モデル化した認識で一歩一歩挑む大胆さと忍耐に欠けていたため、世界の複雑さの理解を体系的に深めてゆくことができなかったのである（084【数の原子】参照）。
　いずれにせよ、世界認識のモードが西洋と東洋ではかなり違うという実験結果は、これまで主に西洋人被験者のみで作られてきた認知科学のモデルに修正を迫るものかもれない。そう簡単に人間の心の普遍的パターンは定式化できないかもしれないのだ（西洋的思考と東洋的思考の違いについては、069【アレのパラドクス】も参照）。

　📖 リチャード・E・ニスベット『木を見る西洋人 森を見る東洋人』（ダイヤモンド社）

090 パーキー効果
Perky effect

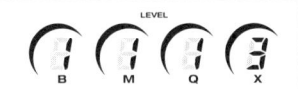

　あなたは心理学実験の手伝いのアルバイトをしている。具体的にどんな実験なのかあなたは知らない。あなたの案内で部屋に入ってきた被験者は、椅子に座って正面の白い壁をじっと見つめている。ところがその面は、一見して壁としか見えないが実はリアプロジェクション・スクリーンであることがあなたにはわかった。人の顔が大きくうっすらと映し出されているのだ。あなたは被験者からちょっと離れた脇で待っているのだが、スクリーンの顔は、かなり薄いとはいえ、よく見れば気づく程度の映像だ。不明瞭な顔の映像をどれだけ正確に記憶できるか、そのテストを被験者たちは受けているのだろうとあなたは推測した。
　こうしてあなたは、被験者を1人ずつ部屋に案内しては壁（スクリーン）を見せ、時間を計って隣の面接室へ誘導する、というのを何十人もについて繰り返した。
　さて、当日の午後あなたは、被験者たちと雑談したとき、顔の映像の

> ことは誰一人として気づいていないことを知ったのである。みな、ただの白い壁だと思い込んでいたのだ。しかし、彼らより散漫にスクリーンを見ていた傍観者のあなたですら、顔が映っていることにすぐ気づいたのだから、じっと注視していた被験者たちが顔の存在に気づかなかったのはおかしい。
> 　被験者たちが顔に気づかなかったのは、やはり、実験の内容ゆえであることが後にわかった。被験者はみな、あの部屋に入る前に、実験者から、あることをするように指示を受けていたのだという。それは一体、どんなことだったのだろうか。顔の映像に気づかせないような、そんな催眠術のような指示がありうるのだろうか?

答え◎いろいろ考えられるかもしれないが、消去法でゆけば自ずと答えは決まってくる。正解が、「天井に注意せよ」等々、壁から注意をそらして映像を見逃すように仕向ける類の指示でないことは明らかだ。被験者がみな壁を注視していたという事実があるからである。
　正解の指示は、次のようなものである。
　「部屋に入ったら、正面の壁をじっと見つめ、壁の上に自由に人の顔を思い浮かべてください。精神を集中して、その顔をできるかぎりリアルに、本当に見えるくらいにイメージしてください。後で別室で、どんな顔をイメージしたかについてお聞きします」
　こういう指示を受けたことによって、壁に映っている顔を、自分が自発的に思い描いたイメージであると錯覚したのである。物理的に実在する映像だとは気づかなかったのだ。
　もちろん実際にはこう単純にいかない場合もあるようだが、想像で心的イメージを思い浮かべることと、かすかな視覚映像を実際に見ることとは、互いに「干渉しあう」ことが確かめられている。他方を覆い隠してしまったり、互いの代理となったりするのである。
　夢や幻覚を本物だと思い込むのはよく聞く話だが、反対に、見たものを想像であると思い込むというのは面白い。心理学者チーヴィス・W・パーキーの実験によれば、かすかな映像の内容を変えながら幾人もの被験者に「イメージ」を詳しく語らせると、「立っているバナナを思い浮かべた」「横倒しの

バナナを思い浮かべた」など、映像と一致したイメージを「自発的に思い描いた」と語る傾向が見られたという。私たちが自由に選んでいるつもりの心の内容の多くが、実は環境によって物理的に決定されていることの1つの重大な証拠であるかもしれない。

C.W.Perky, "an experimental study of imagination". *American Journal of Psychology* (21),1910

091 カプグラ症候群
Capgras' Syndrome

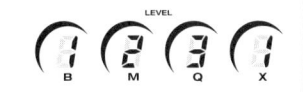

LEVEL B1 M2 Q3 X1

　フィリップ・K・ディックのSFなどには、「身近な人がニセモノに入れ替わってしまう」現象を描いた作品がある。ある人の外見も言動も以前と変わりなく、辻褄が合っているにもかかわらず、ごく身近な人、たとえば子どもから見ると、「このあいだまでのお母さんとは違う」と気づかれる、という状況である。

　身近な人物（夫、妻、親、子どもなど）がニセモノになってしまった、と訴える症例は実際に広く見られ、「カプグラ症候群」または「ソジーの錯覚」と呼ばれている。SFの場合は、ほんの少し癖が変わっていたり、手首や首筋にインプラント（宇宙人による埋め込み）の跡が見えたりと、微妙な変化が認められるという設定がふつうだ。しかし、現実のカプグラ症候群では、本物とニセモノのわずかな変化を患者が主張する場合が多いとはいえ、それが5感で捉えられる差異だとはかぎらない。具体的にどこがニセモノなのかについては、患者は明確には語らず、入れ替わったとされる人物の言動や外見に1つも変化を認めない場合すらあるのである。カプグラ症候群の純粋型では、とにかく違う、本物ではなくなっている、とだけ主張するのだ。

　ニセモノに替わったとされる対象は身近な人間だけでなく、犬、建物、時計、ベッド、テレビ、町全体、といった症例もあるという。もちろん、最も身近な人物である自分自身が「本物でない」「私は私ではない」と信じられるようになる場合もあり、これは統合失調症に見られる症状となるだろう。

統合失調症だけでなく、躁鬱病、老年痴呆、脳腫瘍、頭部外傷など、さまざまな疾患に伴ってカプグラ症候群特有の「入れ替わり妄想」が表われる。なぜそのような「ニセモノ」という妄想を感じるようになるのだろうか。最もありうる原因を推理してみよう。

答え◎親なり妻なり対象Aの外見や性格など客観的な特徴について「ここがこう変わったからニセモノ」という理由付けが患者によってなされず「とにかくニセモノになった」という抽象的な主張が主であることから、対象Aが異質に感じられる原因は、錯覚や知覚異常による「認識内容」の変化ではないことがわかる。同一内容を認識する仕方、つまり「認識様態」の変化が原因であろう。
　客観的に差異のない「ホンモノ」と「ニセモノ」への認識の様態は、どこが違っているのだろうか。「ニセモノ」と判定される対象Aが、身近な対象であることに注目しよう。もとのホンモノは「親しい感じ」がするもの、ニセモノは「親しい感じ」がしないものという意味だと推測できるだろう。
　こうして、客観的な事実認識とは独立した「親しみを感ずる部位」が脳のどこかにあるのではないか、という推理が成り立つ。その「親しみ部位」に機能不全が起きたとき、客観的変化が認められない対象に「なんとなく疎遠な違和感」を抱くようになるのだろう。その違和感の落差は、従来親しみを覚えていた対象ほど大きいはずだ。ほとんどのカプグラ症状が、家族や友人といった身近な存在に向けられるという事実が、こうして説明できる。逆に言うと、カプグラ症候群の現われかたから、「認知とは独立した親しみ感覚専門の中枢または経路」があるに違いない、ということが、論理的に推測できるのである。
　ちなみに、「親しみを感ずる機能」を担う部位は、脳の中の「視覚野から帯状回を経て扁桃核を中心とする大脳辺縁系に向かう経路」だそうである。

茂木健一郎『心を生みだす脳のシステム』（NHK出版）

092
逆-カプグラ症候群
prosopagnosia

LEVEL 1 1 3 1
B M Q X

　前問の「カプグラ症候群」とネガポジの関係にある疾患はどのようなものだろうか、その症状を考えてください（「ネガポジの関係」という問いかけは漠然としているが、008【恐喝のパラドクス】**4 5**、031【予言の自己実現】と032【カサンドラのジレンマ】、077【雨ニモマケズ　風ニモマケズ】と078【感情の誤謬】などの場合と同様の要領で）。

答え◎ネガポジの関係は、形（構造）が同じで、色（感触）が反転した関係のことだ。カプグラ症候群は、身近な人々の客観的形（構造）は理解しているが、親しい色合（感触）を感知できないという症状である。ここで感触だけ反転させて「客観的形（構造）を理解し、親しい色合（感触）を感知する」ということだと、単に正常な精神状態というにとどまってしまう。正常な状態がカプグラ症候群のネガの「疾患」だとするのは無理がある。そこで、裏焼きのように、構造の方も反転させよう。ネガポジはあくまでメタファーなので、そのくらいの解釈の融通性は求められてよい。するとこうなる。
　「客観的形（構造）を理解せず、親しい色合（感触）は感知する」
　つまり、「この人は確かに私の家族か友人だ。親しみを感じる。しかしいくら顔を見ても誰だかわからない……」という症状だ。
　これは、「相貌失認」と呼ばれる脳機能障害である。脳の部位で言えば、下側頭葉にある形態視の中枢のうち、「右の大脳半球の紡錘状回を中心とする領野」が、形態認識を司る部位であるという。そして、脳損傷を被る前に親しくしていた人の顔を見ても誰であるかわからないにもかかわらず、発汗などによって皮膚伝導率が高まり、無意識裡の「親しみ」を確かに示すのだという。
　この相貌失認は、カプグラ症候群で失われている「暗示的な顔認識の経路」は保ちながら、カプグラ症候群で働いている「明示的な顔認識の経路」を失っているという意味で、逆‐カプグラ症候群とも言えるだろう。

茂木健一郎『心を生みだす脳のシステム』（NHK出版）

093 コールバーグの6段階
Kohlberg's moral stages

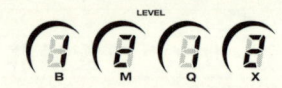

LEVEL: B1 M2 Q1 X2

　教育心理学者ローレンス・コールバーグは、子どもの道徳の発達を研究し、6つの段階を経て成熟した道徳感覚を身につけてゆくと考えた。
　6段階のうちどの考え方が一番「正しい」のかは別にして、子どもの年齢によって実際に考え方が異なるという統計的事実は、人間の道徳的発達の現実のありさまを示していることは確かだろう。というわけで、次のa～fを、幼稚な道徳観から、より成熟した道徳観へとランク付けしてください。どれも、「正しいこと」とは何かを定義したものである。

　a．自分の役割を果たし、他人を信頼すること。
　b．自分の義務を果たし、集団の幸福を守ること。
　c．権威に従い、罰せられないようにすること。
　d．基本的権利、価値、法的な協定を尊重すること。
　e．すべての人間が従うべき一般原理を尊重すること。
　f．自分が得をするように行動し、他人も各々の得を求めて行動することを認めること。

答え◎具体的→抽象的と並べれば、幼稚→成熟のランク付けができることが予想される。順番はこうである。c, f, a, b, d, e.
　cは、罰と服従の段階。fは、道具的な目的とその交換の段階。aは、人格間の相互的な期待と一致の段階。bは、社会意識と良心の段階。dは、社会契約と功利性の段階。eは、普遍的倫理原則の段階。もう少し大まかに分類するとこうなる。cは私的な段階。f, aは私的関係の段階。bは社会集団の規則の段階。d, eは特定の社会集団を超えた普遍的原理の段階。

ジェームズ・レイチェルズ『現実をみつめる道徳哲学』（晃洋書房）

094 ハインツのジレンマ
Heinz's dilemma

LEVEL B1 M3 Q1 X2

　前問の6段階説を形成する過程で、コールバーグはいろいろな年齢の子どもに面接して、道徳的ジレンマのお話をして質問し、子どもたちの考えとその理由を聞き出した。その中で最も知られているジレンマ話は、次のようなものである。

　物語：ハインツの奥さんがガンで死にかかっています。唯一助かる望みは、ある薬屋が発明した薬でした。それは製造費は200ドルなのに、薬屋は2000ドルという高い値で売っていました。貧しいハインツは薬を買うお金を借りて回ったのですが、売値の半分の1000ドルしか集まりません。彼は薬屋に事情を話して売ってもらおうとしましたが断わられ、残り1000ドルはあとで払うとからと交渉しましたが、それでも断わられました。困り果てたハインツは、愛する妻を救うために倉庫に忍び込み、薬を盗んだのです。

　子どもへの質問：「ハインツが薬を盗むのは正しかったでしょうか間違っていたでしょうか？」「どうしてそう思うのですか？」

1　このような質問をされると、男の子と女の子で答え方が違う傾向があるという。次のA、B2つの答えは、実際に11歳の男の子、11歳の女の子が語ったものである。どちらが男の子でどちらが女の子か、識別してください。

　A．「薬を盗むのは正しいと思う」——どうして？「人の命はお金より大切だから」——命はお金よりほんとに大切なの？「死んだら命は取り戻せないけど、薬屋はあとでいくらでも売ってもうければいいから」——命はほんとに取り戻せないの？「人間はみんな違うから、ハインツの奥さんは死んだら戻らないでしょ」

　B．「薬を盗む前に、もっとお金を借りるように努力するとか、ローンを組むとか」——でも、早くしないと奥さんは死んでしまうよ。「薬を盗んでハインツが捕まったら奥さんは悲しんで、病気が悪くなるかも

> しれないし」——でも、死んじゃったら悲しむこともできないね。「だったらハインツは薬屋ともっと話し合うのがいいと思う」——薬屋は話しても断わるだけだから、奥さんはやっぱり死んでしまうかもね。「死なせてはいけないから、じゃあ、ハインツはお金を作る方法をもっと探すべき」

答え◎Aは割り切った答えである。「盗むのはよい」と結論しており、その理由も、薬屋の金儲けより人命を尊重するのが正義であるという「一般原理」に基づいている。

Bは、質問に直接答えていない。お金をあまり借りられなかったのはどうしてかとか、薬屋に頼んでもうまくいかないのはどうしてかといった、人間関係やコミュニケーションのトラブルに関心を寄せており、「盗むのはよいか悪いか、そしてなぜか」に答えることを避けている。

前問【コールバーグの6段階】に照らすと、原理的な正義について述べるAは、私的人間関係に関心を寄せるBよりも2段階ほど進んでいる。Aは合理的、Bは非合理的と呼ぶのがふさわしい。Bは、問題の趣旨そのものを捉えそこねていると言えるかもしれない。

Aが男子、Bが女子の典型的な反応だそうである。

こういうデータが提示されたとき、当然のように、フェミニストから反論が出た。

「男性原理と女性原理の対比は、合理的－非合理的の対比に相当するというのか。その見方は、道徳感覚は男のほうが優れていて、女は劣っている、という偏見を助長する。そういう決めつけは差別ではないか」。

2 上のような反論は、主に3通りの、互いに相反する別個の形で述べることができるだろう。次のフォーマットを参考にして、3通り考えてください。

1. （　　）であることは（　　）であることより（　　）とはかぎらない。

2. （　　）であることと（　　）であることとの（　　）が（　　）的と（　　）的との（　　）に対応するとはかぎらない。

3．（　　）であることと（　　）であることとの（　　）はない。

答え◎ハインツのジレンマの解釈、およびコールバーグの道徳的発達説に対して、実際に、フェミニストからさまざまな批判が寄せられている。大まかには、それらは次の3通りに分類されうるだろう。

1. （合理的）であることは（非合理的）であることより（優れている）とはかぎらない。
2. （合理的）であることと（非合理的）であることとの（相違）が（男性）的と（女性）的との（相違）に対応するとはかぎらない。
3. （合理的）であることと（非合理的）であることとの（相違）はない。

1．女性心理学者キャロル・ギリガンは、コールバーグの発達説は「男性中心主義」であると批判した。子どもの道徳意識は最終的に「正義」という抽象観念に到達するというのは、男児の発達に合わせた考えだ。女児には女児の発達があり、どちらが優れているとは言えない。そういう批判である。

女性の道徳発達においては、「正義」を求める声よりも、生身の人間どうしの「世話（ケア）」が優勢になっているのではないか。薬屋の所有権と奥さんの命とどちらが大事かを「算数のような問題」と割り切って決定する男子とは違い、女子は、他人のさまざまなニーズを感じること、他人の世話をする責任感など、人間関係を優先した物語的思考・文脈依存的な倫理に従う。ときに優柔不断のようにも見える「ケアの倫理」は、〈強さ、闘争性、合理性〉といった男性原理を補完する〈優しさ、和合性、情緒性〉の女性原理を主張できるのである。価値多元主義的なフェミニズムを代表する考えと言えるだろう。

2．ギリガンは、男と女が異なるという前提に立っているが、コールバーグの面接実験に表われた男女差は見かけ上のもので、他の要因、たとえば、階級や経済的境遇のようなもっと根本的な要因に由来している可能性が見落とされている、という異論が出ている（現に、ここでいう男女の違いは、088【三単語クイズ】、089【後知恵バイアス】で見た西洋と東洋の思考パターンの違いにほぼ対応することに注意）。社会的劣位にある人は、自己を防

衛する必要から、対人関係に敏感であるのは当然だろう。だから、もし女が男なみの社会的地位につくのが普通である時代になれば、「ケアの倫理」などという対人的感受性は消失し、抽象的な「正義の倫理」へと女も成熟するかもしれない。ギリガンのような価値多元論は、実際に劣っている非合理性という段階に女性が甘んじてとどまり続けるための理論的支柱となりかねず、女性解放に悪影響を及ぼしうるだろう。

3. そもそも合理性、非合理性という区別が成立するのかどうか、疑う余地があることは確かだ。しかし、「絶対的な合理性」「絶対的な非合理性」など存在せず、確定的な境界線を引けないからといって、「より合理的、非合理的」という相対的な比較ができないことにはならない。実際には、どちらが合理的かという比較ができることがほとんどで、この意味では、3の反論はあまり有意義ではないだろう。ある概念（合理性、真、善、美、生命、人種、知性など）の純粋例または明確な境界線が見つからないからという理由で、その概念そのものが無意味だとする議論は、ポストモダンと呼ばれる一群の思想潮流によく見られるが、そうしたシニカルな態度は、「完璧かさもなくば無意味」という「完璧主義の誤謬」に陥っていると言えよう。

キャロル・ギリガン『もうひとつの声』（川島書店）

095 チューリング・テスト
Turing test

LEVEL B2 M3 Q3 X2

あなたは、まだ会ったことのない2人の相手と、端末を使って会話をする。相手の姿は見えず、声も聞こえず、画面の文字によって会話するだけだ。相手の1人は人間で、「もう1人」はコンピュータであることだけがわかっている。両者とも、自分は人間だとあなたに思わせようとするので、自然な受け答えのほかに、わざと言い間違いや計算間違いをしたり、質問をはぐらかしたりという策略を使うことがある。あなたはいろいろな質問をしてみたのだが、結局、「2人」のうちどちらが人間なのか、判別することができなかった。続いて、老若男女さまざまな人がこの「2人」に対して会話を試みたが、みなあなたと同様、どちらが

人間なのかを識別することはできなかった。

このような「人間並みの反応をするコンピュータ」がもしあれば、人間と同等の知能を持つと言える。これが、このテストの発案者である数学者アラン・チューリングの考えだった。チェスや将棋ではすでに人間と区別できない能力を示すソフトが開発されており、俳句の作成に関しては専門家でも人間とコンピュータの区別がつけられない。ネット上の書き込みがコンピュータプログラムによるものか人間によるものかの区別も、すでにしづらくなっている。複雑なリアルタイムの会話に関しても、人間そっくりのコンピュータロボットがいずれ開発されることは十分ありうるだろう。

1 さて、この「チューリング・テスト」に合格したコンピュータΣは、人間の脳と同じ性能を持っていると言えるだろうか。人間の脳にはあって、コンピュータΣに欠けているかもしれない性能は何だろう？

答え◎問題解決や興味関心の示し方が人間と区別できないほどである以上、コンピュータΣは「知能」を備えていると言えるだろう。しかし、コンピュータΣに「意識」があるかどうかは、会話の達成によっても実証できない。意識があるかのような会話機能を首尾よく果たすとしても、「意識」は定義上、内面的な性能なので、意識の存在を外から確かめることはできない。チューリング・テストに合格したコンピュータΣは、意識は持たないまま、人間の心の外形的シミュレーションをしているだけなのかもしれない。

2 しかしそれを言うなら、私たちは、他人の内面を覗き込むこともできないだろう。**1**の観点は、コンピュータを人間と区別するというより、他者を自分と区別しているにすぎないのではないか。意識を持つのは「私」だけであり、他の人々はみな意識を持たず、うまく会話し行動するロボットのようなものだと考えられるのではないか（独我論）。

しかし、コンピュータには意識はないと考える哲学者は、必ずしも独我論者というわけではない。自分以外の人間には意識を認めるが、コンピュータΣには意識を認めない。そういう立場が自然に成り立ちうる。その理由は？

答え◎コンピュータは、その定義により、計算プログラムによって作動する。一組の公理的規則と実行手続きによって会話を行なうだけだ。それに対し人間の脳は、生物学的な細胞でできている。電気信号の伝達パターンのコンピュータ的作動のほかに、ありとあらゆる物質的要素が適宜不定形に協働して、脳細胞の微細な働きを決めていく。金属とプラスチックの予定パターンで働くコンピュータとは根本的に仕組みが異なる。よって、「意識」の有無について、自分以外の人々とコンピュータとの間に差別を設けるのは自然だろう。

　さて、計算プログラムでは意識を実現できないのだろうか。実現できないことを「証明」しようとした有名な議論を次に見よう。

096 中国語の部屋
Chinese room argument

LEVEL B3 M— Q1 X2

　人工知能研究などの認知科学の基本前提は、「脳はコンピュータであり、心は計算プロセスだ」という仮定である。しかし機械的計算では心を生み出せないという主張も根強い。その反人工知能論の思考実験に、こういうのがある。

　部屋の中に、英語しか読めないφ氏を閉じこめておく。部屋の中には、筆談の道具と、中国語の質問用文章とその回答用文章のあらゆるパターンが完璧に書かれた対応表がある。部屋の外から中国人が、ある質問を書いた中国語の手紙をこの部屋に入れる。φ氏は、対応表と質問の文章を見比べて、対応する回答用文章を手紙にして部屋の外に出す。こうしてφ氏は、漢字が読めず、文章の意味を一つも「理解」「意識」していなくても、外の中国人と完璧な対話ができるだろう。

　精巧に会話をこなせるコンピュータも、φ氏と同じようにただ計算プログラムに従っているかぎり、何も「理解」しているとは言えまい。意識を持つかのような受け答えができるからといって、計算機械が本当に意識を備えている証拠にはならないのだ。

　……ざっとこんなところが、ジョン・サールによる人工知能批判である。コンピュータ人工知能は、脳そのものを実現することはなく、脳の

シミュレーションにすぎないというわけだ。
　この論法を批判してください。

答え◎φ氏はたしかに、中国語を「理解」してはいない。文章の意味を「意識」してもいない。しかし、だからといって「中国語の部屋」全体に中国語の意味の理解や意識がないことにはなるまい。私たちの脳の1つの部位だけとってみるとそこに意識はないだろうが脳全体には確かに意識が宿っている。それと同様に、中央処理装置のような一部品にすぎないφ氏には中国語の意味理解がなくとも、φ氏、中国語の対応表、筆談道具など、会話に必要なすべての部品を合わせたシステム全体、つまり中国語の部屋全体としては、脳と同じ理解や意識が宿っていると言えるのではないか。

　サールはこれに対してこう再反論する。対応表をすべて暗記するなどして部屋のシステムすべてをφ氏の頭の中に入れることができるが、その場合も依然として、機械的変換規則の群れがφ氏の中に存在するだけであって、中国語の「理解」はないだろう。

　しかしこの再反論は不十分なようだ。システム全体を頭に入れたφ氏は、もしスムーズな会話ができるならば、猛烈な速度で文章の照合を頭の中で行なっているはずだが、そのような猛スピードの演算処理のなされる場には、**何らかの高次の現象**が新たに生じている可能性が高い。ちょうど、分子が早く動けば熱が生ずるようにである。

　中国語の文章とマニュアルとをいちいち照らし合わせるφ氏の緩慢な動作のイメージは、「意識」「理解」とは無縁の印象を与えていたが、そこにトリックがある。通常の会話のためには、たとえ機械的であれ、入力と出力の照合をとてつもない高速度で実行せねばならない。その速度には必然的に「意識」が伴わざるをえないかもしれない。こうして、φ氏の処理速度が外界のペースとうまく合うほどのものならば、サールの再反論は無効になる。人工知能に関する議論を単純化しすぎないためには、**外部環境と相互作用するロボット**として人工知能を捉えねばならないということだろう。

　(コンピュータの意識はヤラセか本物か？　孤立系でなく内外比較による評価の重要性については、029【盗撮ビデオ：ヤラセの見破りかた】参照)。

　　　　　　　　　　　　　ジョン・サール『心・脳・科学』(岩波書店)

第 9 章
オメガ点の巻
無限に速く、無限に小さく、無限に確かに

０９７
宇宙船のパラドクス
spaceship paradox

LEVEL B:9 M:1 Q:1 X:1

　宇宙船が時速 a で一直線に飛んでいる。今から $1/2$ 時間後に、速度を a の２倍にする。さらに、$1/4$ 時間後にはまた２倍にする。さらに $1/8$ 時間後には、また２倍に。こうして、一定速度を保った前段階の半分の時間が経つごとに２倍に増していく。

1 １時間後に、この宇宙船はどこにいるだろう。今いる地点からどのくらい離れたところに位置しているだろうか？

答え◎速度を最初に倍増させるまでに $a/2$ だけ進む。次に倍増させるまでに $2a × 1/4 = a/2$ だけ進む。次に速度倍増するまでに $4a × 1/8 = a/2$ だけ進む。……というふうに、$a/2$ という正の値がどんどん足し合わされていって、１時間後には無限回足し合わされていることになる。そうすると、１時間後の宇宙船の位置は、ここから無限の彼方にあることになるのだろうか？

LEVEL……Ｂ[純度]　Ｍ[膨張度]　Ｑ[挑発度]　Ｘ[緊急度]

しかしこれは不合理である。「無限の彼方」などという場所は存在しないからである。もしその場所へ宇宙船が移動していったのならば、それはある特定の値だけ離れたただ１つの場所にあるはずだからだ。

　かといって、ある有限の距離だけ離れた場所に宇宙船があることも不可能だ。なぜならば、任意の有限の距離 x に対して、１時間経つまでには宇宙船はすでに x を通り過ぎてしまっているはずだから、１時間後にもし宇宙船が再び x に位置しているとすれば、x に戻ったことになってしまう。これは、宇宙船が一直線に飛んでいるという条件に反する。

　こうして、無限の彼方にもいないし有限の距離にもいないとすれば、どこにもいないことになる。正解は、この宇宙船は１時間後には「どこにも位置していない」である。

2　しかし、「どこにも位置していない」とはどういうことなのか？　もう少し具体的に説明してください。

答え◎速度が２倍になってゆくたびに、この宇宙船は存在する時間が半減してゆくことに注意しよう。つまり、速度が大きくなるにつれて、その速度を保つ存在時間が短くなってゆき、速度無限大という極限値に達する１時間後には、その状態でいられる宇宙船の存在時間はゼロである。つまり、宇宙船は存在しなくなる。こうして、１時間後に宇宙船が存在している位置というものはないのである。

3　さて、そもそもアインシュタインの特殊相対性理論によれば、速度の上限は光の速度、つまり秒速約30万キロメートルではなかっただろうか。本問は「速度はいくらでも増やしてゆける」という前提で問われているが、その前提が誤りである以上、問いとしてナンセンスだったのではないか。あえてこの問題を問うならば、宇宙船が光速度に達した後は速度一定として計算し、１時間後の位置を求めればすむのではないか。

　この批判に答えてください。

答え◎いろいろな応答がありうるが、３つ挙げよう。

まず第1に、厳密にいうと特殊相対性理論は、質量のある物体がちょうど光速で移動することを禁ずるのであって、光速よりも速い移動であれば相対性理論に矛盾しないらしい。だからこそ、超光速粒子タキオンの存在が、まだ確認はされないまま理論的に予言されており、無限大の速度というものすら、物理学的に許容されているのである。

第2に、宇宙の歴史において、光速そのものが変動してきたと主張する物理理論もある（ジョアオ・マゲイジョ『光速より速い光』（NHK出版）参照）。つまり、光速度一定不変を前提する特殊相対性理論が間違っている可能性があるのだ。相対性理論が関わるような先端分野になると、数ある説のうちどれが正しいのかは専門家にも確信できない（076【権威からの論証】参照）。したがって、ごく常識的な事実と論理法則以外は前提せずに、問題文に記述された条件にしたがって取り組むのが、論理や数学そして哲学のパズルを解く基本ルールだろう。

こうして、最も重要な第3点にいたる。この問題は、暗黙に、物理学ではなく論理のパズルとして問われていた。かりにタキオンは存在せず、光速変動理論も誤りであって、現実の物理的世界に速度の上限が厳然とあることが間違いないとしても、その上限は偶然の事実にすぎない。可能なことは何でも想定する「論理」の立場からすれば、速度をいくらでも増す宇宙船を考えることに不合理はない。同様に、一直線にどこまでも進むことができる、つまり宇宙が無限大の大きさであるということも、論理としては認めてよいのである（049【オルバースのパラドクス】参照）。

📖 エイドリアン・W. ムーア『無限――その哲学と数学』（東京電機大学出版局）
📖 三浦俊彦『論理サバイバル』（二見書房） ⇒ 009【トムソンのランプ】

098 アキレスと亀：変則バージョン
Achilles and tortoise: non-paradox version

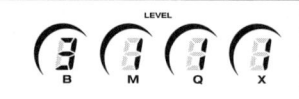

LEVEL **B**[3] **M**[1] **Q**[1] **X**[1]

アキレスが亀の a メートル後ろにおり、両者は同時に前方へ走り出す。アキレスは常に亀の2倍のスピードで走る。にもかかわらず、アキレスは亀に永久に追いつけない。

LEVEL……**B**[純度] **M**[膨張度] **Q**[挑発度] **X**[緊急度]

このことを「証明」するゼノンの論証は次のようなものだった。アキレスは亀の出発地点に辿り着かねばならない。しかしそのとき亀は、アキレスより $a/2$ メートル前方にいる。次にアキレスはそこへ辿りつかねばならない。そのとき亀は、アキレスより $a/4$ メートル前方にいる。次にアキレスはそこへ辿りつかねばならない。そのとき亀は、アキレスより $a/8$ メートル前方にいる。……と、いつまで進んでもアキレスは亀に追いつくことができない。

　むろんこれは詭弁である。現実には、亀の２倍の速度で進むアキレスは、亀が a メートル進み、自分が２a メートル進んだ地点で亀を追い抜く。ゼノンの記述は、$a + a/2 + a/4 + a/8 + \cdots$ というふうに、２a に収束する無限数列の和を描いており、アキレスが２a メートル進むまでの物語しか語っていない。つまり、制限された記述だ。アキレスが２a メートル進む以前には、アキレスが亀に追いついていないのは当然である。だからといって、アキレスが「いつまでも」亀に追いつけないことにはならないのだ。

１　さてしかし、厳密にいうと、アキレスは亀に**本当に追いつけない**かもしれないのである。「アキレスが亀の a メートル後ろにおり、両者は同時に前方へ走り出す。アキレスは常に亀の２倍のスピードで走る。両者はいつまでも同方向に走り続ける。にもかかわらず、アキレスは亀に永久に追いつけない」。

　このようなことは実際に起こりうる。さて、どういう場合だろうか？

答え◎問題の条件をよく読んでみよう。「アキレスは亀の a メートル後ろから、同時に同方向へ、常に亀の２倍のスピードでいつまでも走り続ける」。さあ、穴はないだろうか。

　ある。「常に等速度で」とは書いてない。アキレスと亀の速度比が２：１だとしか言っていない。とすると……。

２　さあ、これが大ヒント。アキレスが亀に追いつけないのは、どういう場合か？

答え◎時刻ゼロに両者が出発したとしよう。アキレスが亀の出発点に達した時刻 t_1 に、アキレスも亀も速度を半分に減速する。時刻 t_1 に亀がいた地点へアキレスが達した時刻 t_2 に、アキレスも亀もまた速度を半減。時刻 t_2 に亀がいた地点へアキレスが達した時刻 t_3 に、アキレスも亀もまた速度を半減……と続けてゆけばどうなるか。アキレスは常に亀の２倍の速度で進んでいるけれども永久に追いつかないのである。

なぜならば、アキレスも亀も前段階の半分の距離を半分の速度で進むことになるので、各段階をどれも同じ時間 t_1 だけかかってクリアしてゆく。ところが、これをいつまで続けても、アキレスは $a + a/2 + a/4 + a/8 + \cdots\cdots = 2a$ メートル、亀は $a/2 + a/4 + a/8 + \cdots\cdots = a$ メートルしか進まない。アキレスは亀にだんだん接近しながら、永久に追いつかないのである。

べつに、半分そしてまた半分といった律儀な減速でなくてもよい。両者が２：１の比を保ちながら速度を変えていき、アキレスの進む距離が亀の進む距離を決して越えないように調節されていればよいのである。

「アキレスと亀」のこの変則（変速）バージョンは、パラドクスではない。もとのバージョンは**記述**で制限されていたが、このバージョンは**物理的**に本当に制限されているからだ。地球表面上だけを自由に動き回る粒子が、銀河系の中心に辿り着くことはない。それと同様に、特定の距離しか進めないアキレスと亀は、永遠に出会えなくても不合理ではないのである。

　　　　青山拓央『タイムトラベルの哲学』講談社
　　　　三浦俊彦『論理サバイバル』（二見書房）⇒ 005【アキレスと亀】

099
トロイの蠅
Trojan fly

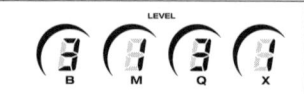

LEVEL **B**3 **M**1 **Q**3 **X**1

　アキレスは亀の1000メートル後ろから、両者同時に同方向へ走り出す。アキレスは常に秒速10メートル、亀は常に秒速1メートル。
　この競走では、アキレスはいずれ確実に亀に追いつき、追い抜く。
　さて、アキレスが走り出した瞬間、1匹の蠅が、秒速100メートルで亀に向かってまっすぐ飛んだ。亀に追いつくと、蠅は瞬間的に向きを変

え、一直線にアキレスを目指す。アキレスに出会うとまた蠅は瞬時に向きを変えて亀へ。これを繰り返す。

1 アキレスが走り出してから亀に追いつく瞬間までのあいだ、蠅は何メートル飛んだだろうか。

2 アキレスが亀を追い抜いて距離が1000メートルに開いた瞬間、蠅は亀から何メートル先の地点を、どちら向きに飛んでいるだろうか。

（**1** **2** とも、アキレス、亀、蠅の3者はみな、大きさのない点として考えてください）

答え◎1 最初に蠅が亀に追いつくまでに飛ぶ距離を x とすると、$x/100 = (x-1000)/1$ で $x = 100000/99$ メートル。次にアキレスのところへ戻るまでに飛ぶ距離を y とすると……などと計算していたらとんでもない重労働。それで答えが出せないわけではなかろうが、もっと簡単な方法がある以上、そちらで解こう。

アキレスが亀に追いつくまでにかかる時間は、$1000/(10-1)$ 秒。その間ずっと蠅は秒速100メートルで飛びつづけているから、$100 \times 1000/(10-1) = 100000/9$ メートル。それが正解である。

2 さて、**1** は蠅の飛ぶ方向が答えに影響しなかったから簡単なやり方ですんなり解けた。しかしこちらの問題はそうはいくまい。蠅がどちら向きにどこを飛んでいるかを求めねばならないのだから。

そうなると、いよいよ覚悟を決めて途方もない無限級数の計算をしなければならないのだろうか？　いや、恐ろしい計算にとりかかる前に、アキレスが亀を追い抜く瞬間ωがどうなっているかを考えてみよう。もちろん、アキレス、亀、蠅の3者は同じ地点Ωに重なっている。その瞬間ωは、蠅はどちらに向かって飛んでいるだろうか。前方か、後方か。

どちらでもない、というのが真相である。なぜだろうか？

アキレスが亀に追いつく寸前に、蠅が最後に飛んだゼロでない最小の直線距離、というものが存在しないからである。というのも、そういう距離があるとすれば、蠅とアキレスと亀はいっしょにΩに到達したことになるが、それは、3者の速度が異なるという事実と矛盾する。ゼロでない距離を3者が

いっしょに動くことはありえないからだ。こうして、Ωに至る前に蠅が飛んだゼロでない最小最後の直線距離というものはない。すると、蠅の「最後の向き」というものもない。こうして、Ωに達したときには、蠅は、「向きの記憶」を失うことになるのである。
　ということは？

3　改めて質問。Ω点のあと、アキレスが亀より1000メートル先にいる瞬間mに、蠅は亀から何メートル先の地点を、どちら向きに飛んでいるか。

答え◎Ω点の直後についても、Ω点直前と全く同じことが成り立つ。Ωから出発した直後に蠅が飛んだゼロでない最小最初の直線距離はないのである。そういう距離があるとすれば、蠅とアキレスと亀はいっしょにΩからその距離だけ進んでいなければならないが、速度の異なる３者がゼロでない距離をいっしょに動くことはありえないのだ（蠅はアキレスと亀の間から飛び出してはならないので）。つまり、蠅の「最初の向き」というものはない。こうして、Ωから離れた瞬間には、蠅は、「向きの指定」を持たないことになる。ということは、Ω点の後においては、瞬間mだろうがいつだろうが、蠅がアキレスと亀との間のどこにどちら向きに飛んでいるかについて、何も指定されていないということだ。
　むろん、Ω点より後の特定の瞬間の蠅の位置と向きを決めれば、瞬間mの蠅の位置と向きも自動的に決まる。しかし、Ω点に３者が一致しているという条件だけからは、瞬間mの蠅の位置も向きも決まらない。
　こうして答えは、「瞬間mに蠅は、亀から何メートル先にいてもよく、どちら向きに飛んでいてもよい」。
　瞬間mに蠅をアキレスと亀の間の任意の位置に、任意の向きに置き、時間を逆回しにしてみれば、いずれにせよ３者はΩ点において一致するので、辻褄は合っているのだ。

　　　　　　　三浦俊彦『論理サバイバル』（二見書房）⇒ 010【オースチンの犬】

100 究極の還元主義
final reductionism

科学の基本的な方法論に、「還元主義」がある。学問ごとに別々の存在があり、別々の法則が働いているかのような説明がなされると、自然界の理解がバラバラになってしまい、収拾がつかなくなる。最も基本的な原理から順々に高次の段階が導かれるよう科学が組織されていることが望ましい（085【オッカムの剃刀】参照）。複雑な現象や応用的な学問Aを、より基本的な現象や学問Bによって説明することを、「AをBに還元する」という。

法律や経済、社会の動きは、個々の人間の心の営みの集合だから、心理学に還元されるだろう。心理学の扱う心は、人間の脳と環境の物質的相互作用の産物だから、生理学に還元されるだろう。生理学の主題である身体を構成する単位はさしあたり細胞だから、生物学に還元されるだろう。細胞は有機分子の働きで動いているから、化学に還元されるだろう。化学の扱う分子や原子は、原子核と電子でできているから、物理学に還元されるだろう。逆に言うと、化学固有の法則、つまり物理学の法則から導くことのできない、化学レベルになって**初めて**現われる法則などというものはないし、生物学法則、生理学法則というものもない。しばしば省略語法として、化学特有の語彙や社会学特有の語彙が用いられるにしても、原理的にすべての学問は、究極には物理学に還元されるというのが、現代科学の世界観である。

1 さてそれでは、物理学は何かに還元されるだろうか？　還元されるとしたら何に？　物理学よりも基本的な学問レベルとは何だろうか？

答え◎これはイメージで答えていただければ正解だろう。
そう、「数学」である。
物理学の法則や条件は数学の言語で記述されるが、物理学が数学そのものに還元できるかどうかはまだわかっていない。というより、数学に還元はできないというのが、おおかたの物理学者の考えであろう。なぜなら、数学は

矛盾のない可能な事柄は何でも記述できてしまうので、物理的世界が**現にこのような特定**のあり方をしている、そのあり方へと制限するすべはないように思われるからだ。

　たとえば、物理学の基本的な定数である、重力、光速、核力、宇宙の膨張速度、密度、電子の質量、電荷、次元の数、プランク定数、等々は、互いに独立であって他の定数から導き出せず、実測してあとから入力してやらねばならない経験的な値である。つまり、いかにも偶然的な値なのだ。数学的には他の可能性も無数にあるのに、たとえば光速がなぜ１秒間に地球を７回り半というあの速度でなければならないのか、なぜ８回りとか６回り半とかではいけないのか。諸定数が現実の特定値でなければならない理由は、全くわかっていない。同様に、量子力学や相対性理論の諸法則が、あの特定の形をしていなければならないのはなぜか、わかっていないのである。

　「ひも理論」を筆頭とするいくつかの万物理論・究極理論が、「必然的に物理法則がこうであるべき最も基本的な根拠」を探っているが、どれも失敗を運命づけられている。素粒子は微小なヒモの振動で生み出されている、と突き止められたとしても、なぜその長さのヒモなのか、なぜその振動なのかといった疑問が発生してくるからだ。

２　それでも、物理学は数学に還元できるのではないかという立場もある。ただひとつ、物理学が数学に還元されたと言えるシナリオが考えられるのだ。どういう理論が発見された場合だろうか。

答え◎物理定数や物理法則はただ一通りに定まっておらず、ありとあらゆるパターンの組合せが見境なく、それぞれ別個の時空において実現しているとすればどうか。それが事実であると認められれば、可能なことは何でも起きていることになり、物理学は数学に還元されることになる。

　それでもなお「ではなぜ私たちのいる〈ここ〉ではこのような特定の物理法則が？」という疑問が残る、と思われるかもしれない。しかし〈ここ〉の意味を考えればそれは謎でも何でもない。〈ここ〉とは、その場所を自らの場所として認識する主体がいてこそ成り立つ概念である。つまり、自意識を持つ知的観測者を成立させるだけの秩序だった法則の宇宙の中に〈ここ〉が

位置していることは、必然的事実である（051【ファイン・チューニング】参照）。もう少し正確に言うと、秩序だった法則の諸宇宙のうち、大多数を占めていそうな、ほどほどの秩序を持つ宇宙、それが私たちの宇宙である確率が高いのである。

マーカス・チャウン『奇想、宇宙をゆく』（春秋社）
Peter Unger, "Minimizing Arbitrariness: Toward a Metaphysics of Infinitely Many Isolated Concrete Worlds"
Midwest Studies in Philosophy IX, U of Norte Dame P., 1984

101 もっと究極の還元主義
ultimate final reductionism

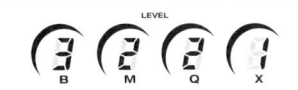

LEVEL: B3 M2 Q2 X1

　前問【究極の還元主義】の夢が叶って、すべてが数学的必然性で説明できるようになったとしよう。それでも満足できない科学者はいる。
　数学的真実をすべて、数学より基本的な学問へ還元することができれば、人間の知はこのうえなく美しい体系に収まると考えられるのだ。さて、数学が何かに還元できるとすればその唯一の候補となる、より基本的な学問とはいったい何だろう？

答え◎女子大の、数学とは無縁のクラスでこの問題を尋ねたら、「文法」という答えが返ってきた。「文法」は学問ではないが、かなりセンスの良い答えだ。ほとんど正解といえるだろう。

　本当の正解を得るには、数学という学問がどのような点で「特殊」であり、普遍性に欠けるかを考えればよい。そう、数学はすべてを数量化する点で特殊だ。数と図形に関する形式的（構造的）研究が、数学である。よって、数学よりも基本的な学問とは、主題を数や図形に限定しない、ありとあらゆる事柄を主題にできる学問ということになるだろう。たとえ数など存在しなくても、任意のものの関係構造を抽象的に研究できる学問だ。

　それは「論理学」である。辻褄の合った文法を厳密に使う規則が論理学だ。論理学は4つほどの単純な命題（公理）と、少数の定義、少数の推論規則によって全体系を作り出せることがわかっている。数学の命題も、論理学の命題の特殊例（数量を主題として代入した例）と解釈できる。そして、数は、

論理学の基本語彙で定義される。
　ただし、数学をすべて論理学に還元できるかというと、無理であることがわかっているのだ。大まかに言うと、論理学がその実在を前提していない「集合」のような恣意的な（？）存在者を認めないと、数学が展開できないのである。逆に、集合論という数学の最も基本的な分野を論理学に付け加えれば、数学全体が生み出せることもわかっている。しかし、「集合」なる独特な存在者を頭ごなしに認めねばならないということは、数学が論理学に還元できないという意味だと解する数学者・論理学者が大多数である。

📖 A. N. ホワイトヘッド、B. ラッセル『プリンキピア・マテマティカ序論』（哲学書房）

心理パラドクス
錯覚から論理を学ぶ101問

付　録

◇ レディメイド運勢占い ◇

—— 今日から1年間の運勢 ——
(計算法は巻頭)

0 ── 086【アポロ：人類の月面着陸はウソ？】が029【盗撮ビデオ：ヤラセの見破りかた】、030【ランダム・ウォーク】と隣接配置にならなかったのはなぜだろう？

1 ── 042【ガラスの天井】と094【ハインツのジレンマ】が隣接配置にならなかった意味は何だろう？

2 ── 055【火星に動物がいることの証明】を「地球に妖怪がいることの証明」に応用したらどうなるだろう？

3 ── 010【報復のパラドクス】と015【一夫一婦のパラドクス】を「母集団」というキーワードで統一したらどんなパラドクスが出来るだろう？

4 ── 「泥だらけの顔のパラドクス」という別名を持つ問題は、第何問のパラドクスだろう？

5 ── 第1章「ヒューリスティクス3部作」、第2章「フレーミング3部作」と並ぶ「3部作」がもう1つ本文に隠れているとしたら、それはどの3問で、適切な名称は何だろう？

6 ── 068【庭のパラドクス】的な難問は、結局、該当する実在の庭を全部調査したうえで比率を求めれば解決するのでは？

7 ── 027【勝者の呪い】を「敗者の恵み」として転用するには第何問を使ったらよいだろう？

8 ── 巷の「誹謗による論証」「コンセンサスによる論証」と内接する問題はどれだろう（076【権威からの論証】以外で）？

9 ── 第3章「常識vs論理の巻」の中で、050【ボルツマンの人間原理】の同型問題となっているのはどれだろう？

【準備】 解きはじめたとき最初に浮かんだ想念のとおりに行動しましょう
【完成】 解けた瞬間に灯った思考のとおりに行動しましょう

付　録

◇　フ　リ　ー　占　い　◇

　「レディメイド運勢占い」は、**26**の「〜度」のうち**B**, **M**, **Q**, **X**だけを使った占いでしたが、あなた自身のカスタムメイド占いを試すこともできます。
　まず、「本質の軸」「制度の軸」「精神の軸」「機能の軸」から**1**つずつ計**4**つ「〜度」を自由に選んでください。たとえば「**F** 透明度　**K** 天然度　**U** 繊細度　**V** 頭脳度」を選んで、**101**問各々について自己流に**3**段階評価し、**4**桁の数を新たに割り当てます。そして、同じ計算によってラッキーナンバー（**0**〜**9**）を得ます。
　下の、あなたのラッキーナンバーに対応する映像作品を観賞してください。観賞後、最初に心に浮かんだ想念もしくは場面が、あなたの運勢を自由意思の軸で予言する呪文となるのです。

　　　　0　　　　　『カプリコン・1』（ピーター・ハイアムズ）
　　　　1　　　　　『ミクロコスモス』（クロード・ナリドサニー）
　　　　2　　　　　『レッド・プラネット』（アントニー・ホフマン）
　　　　3　　　　　『天使のたまご』（押井守）
　　　　4　　　　　『イベント・ホライゾン』（ポール・アンダーソン）
　　　　5　　　　　『スカショット②』（P．SLUM）
　　　　6　　　　　『ミート・ザ・フィーブルズ』（ピーター・ジャクソン）
　　　　7　　　　　『水 water 屋久島』（中野裕之）
　　　　8　　　　　『未来惑星ザルドス』（ジョン・ブアマン）
　　　　9　　　　　『スフィア』（バリー・レビンソン）

最終問題

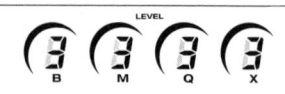

本書中の諺をすべて意味の順に並べたスペクトルを作り、ちょうど中央に位置する諺の理念に合うよう、レディメイドorフリー占いの結果を要約してください。

LEVEL……**B**［純度］ **M**［膨張度］ **Q**［挑発度］ **X**［緊急度］

心理パラドクス
錯覚から論理を学ぶ101問

著 者	三浦俊彦	
発行所	株式会社 二見書房	
	東京都千代田区三崎町 2 − 18 − 11	
	電話　03(3515)2311［営業］	
	03(3515)2314［編集］	
	振替　00170 − 4 − 2639	
ブックデザイン	ヤマシタツトム	
DTPオペレーション	横川 浩之	
印　刷	株式会社 堀内印刷所	
製　本	ナショナル製本協同組合	

落丁・乱丁本はお取り替えいたします。定価は、カバーに表示してあります。

© Toshihiko Miura 2004, Printed in Japan.
ISBN978−4−576−04168−1
http://www.futami.co.jp

★ 好評既刊 ★
3冊合わせれば世界で類のない「パラドクス百科全書」になります。

論理パラドクス
論証力を磨く99問

三浦俊彦［著］

議論には必須の教養がある！
哲学・論理学の伝統的パズルを使って、ロジカルセンスを鍛える画期的問題集

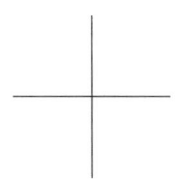

論理サバイバル
議論力を鍛える108問

三浦俊彦［著］

オールラウンドなロジックの技法！
哲学・論理学の伝統的パズルを使って、勝ち残りのテクニックを磨く最強のテキスト！

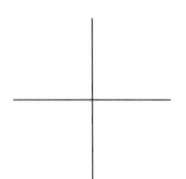